Helmut C. Berghaus, Heike Bermond, Heike Milz (Hrsg.)

Behinderung und Alter
„Gesellschaftliche Teilhabe 2030"

Vorträge und Arbeitskreise
der 17. Fachtagung „Behinderung und Alter" 2008
an der Humanwissenschaftlichen Fakultät der Universität zu Köln

Kuratorium Deutsche Altershilfe
Köln 2009

Kuratorium Deutsche Altershilfe • An der Pauluskirche 3 • 50677 Köln
Telefon (02 21) 93 18 47-0 • Fax (02 21) 93 18 47-6
E-Mail: versand@kda.de • Internet: www.kda.de

Organisation: Simone Helck, KDA
Satz, Lektorat und Korrektur: Schreibbüro Börding, Bonn
Herstellung: Books on Demand GmbH, Norderstedt

ISBN 978-3-940054-09-8

Inhalt

Vorwort **7**

Tagungseröffnung **9**

Begrüßung 9
Dr. Helmut C. Berghaus

Grußwort 12
Prof. Dr. Thomas Kaul

Grußwort 15
Prof. Dr. Horst Schellhaaß

Grußwort 18
Elfi Scho-Antwerpes

Grußwort 21
Petra Weritz-Hanf

Grußwort 26
Dr. Peter Michell-Auli

Eröffnungsvortrag **29**

Von der Kinderkrippe bis zur Pflegebedürftigkeit – Auswirkungen des demografischen Wandels in Deutschland bis 2050 29
Prof. Dr. Eckart Bomsdorf

Vorträge **43**

Die echte Gesundheitsreform 43
Erik Händeler

Gerechte Teilhabe 2030 55
Dr. Lale Akgün

Arbeitskreise ... 71

Wohnhaus Lebenshilfe Biberach – gelebte Integration ... 71
Beate Hiller und Christine Schmid

Diskriminierung ist ein Hindernis für gesellschaftliche Partizipation ... 75
Hanne Schweitzer

Die UN-Konvention zum Schutz der Menschenrechte behinderter Menschen – zukünftige Anforderung für Behindertenpolitik und Behindertenarbeit ... 85
Dr. Sigrid Graumann

Eine Idee lernt laufen ... 94
Barbara Wegner

Selbstbestimmung im Alter – eine Vision für Menschen mit einer körperlichen Behinderung? Möglichkeiten und Unmöglichkeiten im Jahr 2030 ... 99
Silke Rehfeld und Christiane Schneider

Weisheit, Mitgefühl und universelle Verbundenheit – Werte des Alters in Gesellschaft gelebt ... 110
Kirstin Fossgreen

Neue Wohnformen im Alter – Konzepte und praktische Erfahrungen der Umsetzung ... 122
Ursula Kremer-Preiß

Formelle und informelle Unterstützungsnetzwerke in unterschiedlichen Pflegesituationen - ein europäischer Vergleich ... 131
Daniel Lüdecke und Eva Mnich

Ältere Menschen mit Behinderungen und Internet – Gefahr der gesellschaftlichen Exklusion durch neue Technologien und Möglichkeiten der Stärkung der Inklusion durch PC-Schulungen und internetgestützte Gruppenarbeit ... 142
Carmen Stadelhofer und Christian Carls

Gehörlose Menschen im Alter: kommunikative und soziale Bedingungen und Bedürfnisse einer kulturellen Minderheit 151
Frank Menzel, Anne Gelhardt und Susanne Klinner

Informationen zu den Vortragenden, Referentinnen und Referenten 162

Vorwort

Sehr geehrte Damen und Herren,

wenden wir den Blick in die Zukunft: Die 17. Fachtagung beschäftigt sich mit den Folgen der voraussichtlichen Bevölkerungsentwicklung sowie den damit verbundenen Möglichkeiten und Ressourcen zur Teilhabe, Partizipation, Integration und Inklusion in einer heterogenen Gesellschaft.

Die demografischen Entwicklungen und Veränderungen werden zur zentralen Herausforderung unserer Gesellschaft. Alle Bereiche unseres Wirtschafts- und Sozialstaats sind davon betroffen. Welche Möglichkeiten und Gefahren diese Entwicklungen gegebenenfalls beinhalten, wird anhand der Vorträge und Arbeitskreise thematisiert.

Im Fokus stehen sowohl Menschen, die im Alter Einbußen und Beeinträchtigungen erleben, als auch diejenigen, die mit Beeinträchtigungen und Behinderungen alt werden bzw. alt geworden sind. All diesen Personen ist ein Potenzial an Erfahrung, Willenskraft und Engagement zueigen, welches es – oft übersehen – in Zukunft stärker zu nutzen gilt.

Der Wunsch nach Teilhabe fußt unverzichtbar auf den Säulen Bildung, Emanzipation, Selbstbestimmung und Eigenverantwortung. Gesellschaftliche Verpflichtung ist es daher, den einzelnen Menschen in all seinen Anlagen und Kompetenzen zu fördern.

Zur Auseinandersetzung mit dem Tagungsthema möchten u. a. die folgenden Inhalte anregen:

- Wie sehen die Auswirkungen des demografischen Wandels im Hinblick auf die sozialen Sicherungssysteme aus?
- Wie kann gesellschaftliche Teilhabe konkret gelebt werden?
- Wie leben Menschen mit Migrationshintergrund im Alter?

- Welche Faktoren müssen vorhanden sein, damit Partizipation umgesetzt werden kann?
- Wie kann der Zusammenhalt in unserer alternden Gesellschaft gestaltet werden?
- Wie können Menschen mit Beeinträchtigungen am gesellschaftlichen Leben teilnehmen, es gestalten und für andere von Nutzen sein?
- Welche Möglichkeiten existieren für Menschen, die sich engagieren möchten?
- Können die neuen Medien gesellschaftliche Partizipation fördern?

Für die Tagung konnten namhafte Referentinnen und Referenten gewonnen werden, die Sie mit uns einladen, an den Diskussionen teilzunehmen, um die Ergebnisse in die entsprechenden Praxisfelder integrieren zu können.

Dr. Helmut C. Berghaus, Heike Bermond, Dr. H. Milz

Veranstalter: Zentrum für Heilpädagogische Gerontologie der Universität zu Köln

Tagungseröffnung

Begrüßung

Dr. Helmut C. Berghaus, Tagungsleiter

Sehr geehrte Damen und Herren,

zur 17. Fachtagung des Zentrums für Heilpädagogische Gerontologie darf ich Sie herzlich begrüßen, diesmal zum Thema „Gesellschaftliche Teilhabe 2030“.

Als Gäste aus der Universität begrüße ich Herrn Prof. Dr. Schellhaaß, Prorektor der Universität zu Köln, Herrn Professor Kaul, Dekan der Humanwissenschaftlichen Fakultät, sowie Frau Prof. Dr. Niehaus, Leiterin des Departments Heilpädagogik und Rehabilitation.

Einen besonderen Willkommensgruß möchte ich richten an Frau Scho-Antwerpes, Bürgermeisterin der Stadt Köln, die zum wiederholten Mal der Tagungsreihe beiwohnt und ein Grußwort an Sie richten wird.

Begrüßen darf ich auch Herrn Dr. Michell-Auli, den neuen Geschäftsführer des Kuratoriums Deutsche Altershilfe in Köln, dem das Zentrum für Heilpädagogische Gerontologie durch langjährige Kooperation hinsichtlich der Tagungsdokumentation verbunden ist. In der Tagungsdokumentation, die Sie Anfang des nächsten Jahres über das KDA beziehen können, finden sich alle Vorträge und Arbeitskreisergebnisse der diesjährigen Tagung.

Frau Weritz-Hanf, Ministerialrätin und Leiterin des Referats „Gesundheit im Alter, Hilfen bei Demenz, Ältere Menschen mit Behinderung“ des Bundesministeriums für Familie, Senioren, Frauen und Jugend gilt unser Dank, weil das Ministerium auch in diesem Jahr die finanzielle Unterstützung der Tagung zusicherte und dadurch eine kostengünstige Teilnahme erst ermöglicht hat. Frau Weritz-Hanf hat kurzfristig wegen anderer Verpflichtungen abgesagt, aber um die Verlesung ihres schriftlichen Grußwortes gebeten. Wir haben das Grußwort der Tagungsmappe beigefügt.

Grußworte anlässlich der Eröffnung dieser Tagung – verbunden mit den Wünschen auf positive Ergebnisse – lässt ebenfalls Herr Minister Laumann, Ministerium für Arbeit, Gesundheit und Soziales des Landes NRW ausrichten.

Nicht zuletzt möchte ich Sie, die Sie den bisherigen Tagungen langjährig verbunden sind, ebenso wie die neu hinzugekommenen Teilnehmenden ganz herzlich im Department Heilpädagogik und Rehabilitation der Humanwissenschaftlichen Fakultät begrüßen.

Ans Herz legen will ich Ihnen die hier im Repräsentationssaal ausgestellten Bilder von vier Künstlerinnen und einem Künstler. Sie, d. h. Yves Gerlet, Susanne Kümpel, Birgit Meiser, Ilse Olschewski sowie Jutta Pöstges, Leiterin der Kreativen Werkstatt ALLERHAND der Gemeinnützigen Werkstätten Köln, wohnen der heutigen Tagungseröffnung bei. Herzlich willkommen.

Die Werkstatt ALLERHAND bietet Menschen mit Behinderung professionelle Arbeitsbedingungen. Auf der Grundlage einer qualifizierten künstlerischen und handwerklichen Ausbildung werden die Beschäftigten befähigt, eigene gestalterische Ideen umzusetzen. Weitere Informationen zu ALLERHAND finden Sie in der Tagungsmappe.

Zurück zum Tagungsthema:

Wendet sich der gerontologische Blick über eine aktuelle Bestandsaufnahme hinaus in die Zukunft, so sind 2030 und 2050 die stets wiederkehrenden markanten Jahrespfeiler für Hochrechnungen, Modellbeschreibungen etc.

Steigende Lebenserwartung und geringe Geburtenzahlen hinterlassen ihre Spuren in der Bevölkerungsstruktur. Nach den Ergebnissen der aktuellen Bevölkerungsvorausberechnung wird die Zahl der 60-Jährigen und Älteren bis 2030 um rund 38 % von 20,5 Millionen auf voraussichtlich 28,3 Millionen Einwohner und die der über 80-Jährigen vermutlich sogar um 73 % von 3,6 Millionen auf 6,3 Millionen ansteigen. 2050 wird es doppelt so viele 60-Jährige wie Neugeborene in Deutschland geben, so das Statistische Bundesamt in seiner 11. koordinierten Bevölkerungsvorausberechnung.

Die demografischen Entwicklungen und Veränderungen werden zur zentralen Herausforderung an unsere und in unserer Gesellschaft; alle Bereiche des Wirtschafts- und Sozialstaats werden davon betroffen sein.

Dies war auch für uns Grund, das diesjährige Tagungsthema auf eine Zeit zu fokussieren, wo die Babyboomer der 60er Jahre ins dann vielleicht auf 70 Jahre erhöhte Rentenalter kommen, eine Zeit, die Bevölkerungswissenschaftler wie Herwig Birg mit großen Problemen, ja demografischen Dramen apostrophieren, oder aber ein Zeitraum, den Politiker wie Armin Laschet positiv gestaltet sehen, mitgetragen von den rund 40 % der heutigen Kinder bis 6 Jahre mit Zuwanderungsgeschichte (NRW). Wie lassen sich Anno 2030 – um die Dimension der Zeitspanne einmal zu verdeutlichen: in etwa eine Zeitspanne wie von der Wiedervereinigung bis heute – bereits heute absehbare Fakten sowie vielfache Unwägbarkeiten, z. B. wirtschaftliche Prosperität, stattfindende Migration und Integration, erwünschte Generationensolidarität und bürgerschaftliches Engagement, veränderte Gesundheitskosten und Pflegestandards planerisch konsequent und effizient angehen?

Politische und gesellschaftliche Entscheidungen hierzu müssen seitens der Wissenschaft vorausschauend begleitet, d. h. angesprochen, analysiert und diskutiert werden, ohne, wie Prof. Bomsdorf es einmal formuliert hat, „in Hysterie oder Gleichgültigkeit zu verfallen“.

Ich hoffe, die diesjährige Tagung kann hierzu einen Beitrag leisten.

Grußwort

Prof. Dr. Thomas Kaul, Dekan der Humanwissenschaftlichen Fakultät der Universität zu Köln

Sehr geehrte Damen und Herren,

auch ich darf Sie als Dekan der Humanwissenschaftlichen Fakultät anlässlich der 17. Fachtagung „Behinderung und Alter“ herzlich willkommen heißen.

Zu Beginn des letzten Jahres erfolgte die Gründung der Humanwissenschaftlichen Fakultät als neue sechste Fakultät der Universität zu Köln. Grundlegende Gedanken für diese Neugründung waren, auf der einen Seite strukturelle Verwerfungen innerhalb der Universität zu glätten – um es ein wenig bildhaft zu formulieren –, auf der anderen Seite sollte durch die Neugründung die Interdisziplinarität affiner Fächer wie Erziehungs- und Sozialwissenschaften oder Psychologie gefördert werden. Fragen des Alters werden z. B. auch in der Geragogik oder der Gerontopsychologie behandelt.

In den vergangenen zwei Jahren ist darüber hinaus auch eine verstärkte fakultätsübergreifende Vernetzung in Angriff genommen worden. So gibt es konkrete Verhandlungen, mit anderen Fakultäten gemeinsame Professuren zu besetzen, wie es z. B. mit der Medizinischen Fakultät jetzt geplant wird. Oder es kommt im Bereich der Lehre und Forschung zu Kooperationen z. B. mit der Wirtschafts- und Sozialwissenschaftlichen Fakultät (WiSo). Beide erwähnten Beispiele betreffen auch insbesondere die hier behandelte Thematik „Behinderung und Alter“. Dieser Bereich wiederum knüpft innerhalb der Universität Köln komplementär an den Forschungsschwerpunkt Biologie des Alterns an.

Wie wichtig diese Thematik für uns ist, wird vielleicht auch daran deutlich, dass wir gerade eine Professur für Rehabilitationswissenschaftliche Gerontologie ausschreiben und ein Master-Studiengang mit einem gerontologischen Schwerpunkt in Vorbereitung ist.

Komplexe Fragestellungen erfordern eine differenzierte und umfassende, eine interdisziplinäre Herangehensweise. Die Thematik Behinderung, Alter und gesellschaftliche Teilhabe ist ein solcher Sachverhalt. Sie alle wissen aus ihrer täglichen praktischen Arbeit in den Einrichtungen der Behinderten- und Altenhilfe, wie wichtig der interdisziplinäre Austausch und die kollegiale Zusammenarbeit gerade in der heutigen Zeit sind. Und so freue ich mich, dass durch eine Tagung wie diese der Austausch zwischen Wissenschaft und Praxis der verschiedenen Fachrichtungen ermöglicht wird.

In diesem Jahr widmen sich die Kolleginnen und Kollegen des Zentrums für Heilpädagogische Gerontologie einer Thematik, die den Blick in die Zukunft richtet („Gesellschaftliche Teilhabe 2030"). Wie gestaltet sich zukünftig gesellschaftliche Teilhabe für Menschen mit Behinderung im Alter? Wie kann Integration und Inklusion gesellschaftlich gefördert und verankert werden? Dabei stehen Menschen, die im Alter behindert werden, und Menschen, die mit einer Behinderung alt werden, gleichermaßen im Blickpunkt des Interesses.

Im Dritten Bericht zur Lage der älteren Generation (Bundesministerium für Familie, Senioren, Frauen und Jugend 2001, S. 21) ist formuliert worden, dass alten Menschen mit Behinderung eine möglichst selbstbestimmte und selbstständige Lebensführung ermöglicht werden soll. Das Ziel muss darin bestehen, alten behinderten Menschen gleichermaßen ein hohes Maß an Lebensqualität und gesellschaftlicher Teilhabe zu eröffnen.

Die gesellschaftlichen Anforderungen, die hieraus erwachsen, sind vielfältig und bedürfen einer dringenden Diskussion und Lösung. Neben der finanziellen Absicherung und der Gesundheitsfürsorge im Alter (Renten, Pensionen, Krankenversicherung) gewinnt die erfolgreiche Gestaltung dieser Lebensphase auf unterschiedlichen Ebenen eine besondere Relevanz. Hierzu gehört als ein wichtiger Aspekt die Aufrechterhaltung eines hohen Maßes an Selbstbestimmung und Selbstständigkeit. Der Bedarf an häuslicher und institutioneller Unterstützung und Pflege wächst ebenso wie der Bedarf an begleiteten oder betreuten Wohnangeboten.

Wie müssen die gesellschaftlichen Rahmenbedingen jetzt und zukünftig gestaltet sein, die alten Menschen mit Behinderung ein emanzipiertes Leben in Autonomie und Eigenverantwortung ermöglichen?

Die Tagung eröffnet unterschiedliche Zugänge zu dieser Problematik. Neben wichtigen, eher übergreifenden gesellschaftspolitischen Fragestellungen werden in Vorträgen und Workshops auch spezifischere Themenkomplexe aufgegriffen, seien es mögliche Wohnformen oder besondere Zielgruppen wie Menschen mit Körperbehinderungen oder seien es – mein eigener Arbeitsschwerpunkt – gehörlose Menschen. Wie leben gehörlose Menschen im Alter, und welche besonderen Bedürfnisse hat diese Zielgruppe?

Ich hoffe, dass Ihnen das Programm der Tagung sowohl in seiner theoretisch-wissenschaftlichen Dimension als auch von der praktisch-konzeptionellen Seite in den Vorträgen und in den Workshops die Möglichkeit bietet, eine konstruktive und ertragreiche Diskussion zu führen, aber dass Sie auch gleichzeitig die Gelegenheit nutzen, ins Gespräch zu kommen und persönliche Kontakte zu pflegen.

Ich wünsche Ihnen allen deshalb einen interessanten und guten Verlauf der Tagung und vor allem viel Erfolg.

Grußwort

Prof. Dr. Horst Schellhaaß, Prorektor für Planung und Finanzen der Universität zu Köln

Gerne habe ich in diesem Fall die Vertretung des Rektors, der gerade das Potenzial für Kooperationen mit indischen Universitäten auslotet, wahrgenommen. Angesichts der größeren Anzahl an Grußworten habe ich im Vorfeld eine gewisse Arbeitsteilung mit den Organisatorinnen und Organisatoren abgesprochen. Als Prorektor möchte ich vor allem die universitätsweite Perspektive einnehmen. Hier darf ich zunächst einmal sagen: Mit Wohlgefallen blickt das Rektorat auf die unübersehbare Aufwärtsentwicklung der neuen Humanwissenschaftlichen Fakultät. Die forschungspolitische Ausrichtung der Fakultät überzeugt uns. Mein Eindruck, den ich in den Besoldungsgesprächen mit den neuen Kolleginnen und Kollegen gewinne, stimmt mich für die weitere Entwicklung sehr optimistisch.

Die nächste Aufgabe für alle unsere Fakultäten wird darin bestehen, sich im bundesweiten Wettbewerb der Universitäten durchzusetzen. Der zukünftige Wettbewerb in der Universitätslandschaft wird vor allen Dingen durch Rankings über Drittmitteleinwerbungen und Spitzenpublikationen sowie durch den Erfolg bei Forschungsverbünden entschieden. Erfolge lassen sich in einer wettbewerblichen Hochschullandschaft nur erzielen, wenn wir die Forschungsleistung einer Universität in größeren und dadurch sichtbaren Einheiten bündeln. Dies ist schon seit vielen Jahren die Leitidee der Deutschen Forschungsgemeinschaft. Exzellenzcluster, Graduiertenschulen, Sonderforschungsbereiche oder Forschergruppen sind die Instrumente, die im Mittelpunkt der Förderpolitik der DFG stehen. Dieser Bündelung der Ressourcen liegt die Idee zugrunde, dass sich an den Rändern der traditionellen Fachdisziplinen, nämlich bei der interdisziplinären Zusammenarbeit mit benachbarten Fächern, am ehesten neue Erkenntnisse gewinnen lassen.

Unser Ziel muss es sein, dass man bei bestimmten wissenschaftlichen Fragestellungen automatisch an die Universität zu Köln denkt. Eine Meinungsführerschaft haben wir wohl bei der Medienforschung und der Alternsforschung errungen. Wer sich mit dem Thema Alternsforschung beschäftigt, kommt an der Universität zu Köln nicht vorbei. Auf diesem Gebiet arbeiten seit Jahren die Mathematisch-Naturwissenschaftliche und die Medizinische Fakultät eng zusammen, und diese Zusammenarbeit wurde mit dem Erfolg in der Exzellenzinitiative gekrönt. Aber auch die WiSo-Fakultät beschäftigt sich mit den Folgen des demografischen Wandels: Unser Dekan, Herr Schulz-Nieswandt, arbeitet auf diesem Gebiet eng mit Ihrer Fakultät zusammen, und Herr Kollege Bomsdorf wird Ihnen anschließend einige seiner Forschungsergebnisse vortragen. Die Philosophische Fakultät trägt mit der Initiative „Ethik in den Lebenswissenschaften" einen wichtigen Aspekt zu dem Forschungsspektrum bei, denn als Forscher müssen wir uns immer wieder die Frage stellen, ob alles, was technisch oder medizinisch machbar ist, auch ethisch verantwortbar ist. Der Kreis schließt sich mit der Humanwissenschaftlichen Fakultät, die – nomen est omen – sich insbesondere mit den konkreten Problemen der Menschen auseinandersetzt.

Das Schönste bei den Großprojekten in der Forschung ist, dass dann, wenn man erst einmal einen sichtbaren Erfolg hat, weitere Erfolge von ganz allein kommen. Es kommt zu einem Selbstläufereffekt in der Forschung. Vor drei Wochen haben wir die erfreuliche Mitteilung erhalten, dass uns als einziger Universität in Nordrhein-Westfalen eine der hoch dotierten Humboldt-Professuren zugesprochen worden ist. Diese Auszeichnung ist der Universität zu Köln nicht zufällig zugefallen, sondern ist die direkte Folge unserer bisherigen Erfolge in der Alternsforschung. Aufgrund dieses Erfolges ist vorauszusehen, dass die Universität zu Köln für weitere Spitzenforscherinnen und -forscher attraktiv wird. Spitzenforscher/innen ziehen Spitzenforscher/innen an. Auf diese Weise werden wir auf dem Gebiet der Alternsforschung eine Wettbewerbsstellung aufbauen, die von den anderen Universitäten nicht mehr durchbrochen werden kann. Aus der ökonomischen Forschung wissen wir, dass sich ein solcher Wettbewerbsvorteil über Jahrzehnte verteidigen lässt.

Allerdings – und auch das besagt die ökonomische Patentforschung – dieser auf überlegenem Wissen beruhende Wettbewerbsvorteil ist erosionsgefährdet. Zur Verteidigung einer überragenden Marktstellung ist es erforderlich, den Konkurrenten stets um eine Nasenlänge wissensmäßig voraus zu sein. Dabei werden sich die forschungspolitischen Prioritäten im Zeitablauf ändern. Bislang ist die Alternsforschung hauptsächlich auf naturwissenschaftlich-medizinische Fragestellungen konzentriert. Je mehr Fragen dort gelöst werden, umso wichtiger wird es sein, die hieraus resultierenden Probleme auf den Gebieten der Finanzierung, des demografischen Wandels oder der Behinderungen im Alter zu lösen. In einer alternden Gesellschaft wie der deutschen werden solche Schwerpunkte von der Öffentlichkeit besonders leicht wahrgenommen.

Zum künftigen Wettbewerb in der Universitätslandschaft gehört auch die Maxime „Tue Gutes und sprich darüber“. Ganz wichtig sind in diesem Zusammenhang Tagungen. Sie dienen zum einen der Kommunikation unter Wissenschaftlerinnen und Wissenschaftlern und zum anderen der Präsentation der eigenen Leistungen gegenüber der Öffentlichkeit. Insofern begrüße ich es außerordentlich, dass die Humanwissenschaftliche Fakultät diese Tagung ausrichtet. Jeder, der schon einmal eine wissenschaftliche Tagung organisiert hat, weiß, wie mühsam dies ist. Man muss sich um tausend Kleinigkeiten kümmern. In diesem Fall möchte ich ganz herzlich Frau Bermond, Frau Dr. Milz sowie Herrn Dr. Berghaus dafür danken, dass sie diese Mühen auf sich genommen haben.

Ich möchte meine kurze Ansprache damit beenden, dass ich allen Teilnehmerinnen und Teilnehmern spannende Vorträge, lebhafte Diskussionen und intensive Gespräche in den so wichtigen Kaffeepausen wünsche.

Grußwort

Elfi Scho-Antwerpes, Bürgermeisterin der Stadt Köln

Sehr geehrter Herr Prof. Schellhaaß,
sehr geehrter Herr Prof. Kaul,
sehr geehrter Herr Dr. Berghaus,
sehr geehrter Herr Dr. Michell-Auli,
meine sehr geehrten Damen und Herren,

im Namen der Stadt Köln, im Namen von Herrn Oberbürgermeister Schramma – aber auch persönlich – begrüße ich Sie ganz herzlich zur 17. Fachtagung „Behinderung und Alter".

Wenn heute beim Seniorentanztee zum Beispiel Marianne und Michael erklingen, so werden es im Jahr 2030 vielleicht die Rolling Stones sein – in einem selbstverwalteten Seniorenzentrum oder einer Senioren-Wohngemeinschaft. Oder anders gesagt: Die Angebote in 20 Jahren müssen für die Bedürfnisse meiner Generation passen.

In diesem Sinne fordert das Tagungsthema „Gesellschaftliche Teilhabe 2030" uns zum Nachdenken auf:

- Wie wollen wir selbst im Alter leben?
- Gibt es innovative Praxisbeispiele?
- Brauchen wir neue Rahmenbedingungen, neue Anreizstrukturen?

Zugleich verweist das Tagungsthema auch auf den demografischen Wandel. Die Zahl der älteren Menschen mit und ohne Behinderung wird in den nächsten Jahrzehnten stetig zunehmen, darunter auch erstmals eine große Gruppe von behinderten Arbeitnehmerinnen und Arbeitnehmern, die ihr Berufsleben in einem regulären Beruf oder einer Werkstatt für Menschen mit Behinderung verbracht haben.

Der Lebensabschnitt „Ruhestand" umfasst inzwischen 20 Jahre und mehr. Immer mehr ältere und behinderte Menschen wollen sich selbstbestimmt und eigenverantwortlich im Ruhestand engagieren.

Die bestehenden Strukturen müssen ausgebaut, teilweise neue geschaffen werden. Ich meine nicht nur Hilfsangebote wie neue, angepasste Wohnformen im Alter oder entsprechende Informationen, sondern auch Angebote, die ehrenamtliches Engagement und Partizipation fördern.

Möglichkeiten der Weiterentwicklung sehe ich zum Beispiel in der Vernetzung von Senioren- und Behindertenstrukturen:

Ein positives Beispiel ist für mich das Zentrum für selbstbestimmtes Leben aus Köln. Mit seinem Projekt „50 +/-" will das Zentrum unter anderem auch Träger von Senioreneinrichtungen für die Bedürfnisse von Menschen mit Behinderung sensibilisieren. Zwei Mitarbeiterinnen des Zentrums bieten heute einen Arbeitskreis zum Thema „Selbstbestimmung im Alter" an.

Mein Eindruck ist, dass es von Seiten nicht behinderter Seniorinnen und Senioren Berührungsängste gegenüber älteren Menschen mit Behinderung gibt. Deshalb halte ich es für wünschenswert, dass sich die Träger von Senioreneinrichtungen, aber auch die Kölner Seniorennetzwerke, Seniorenberaterinnen und Seniorenberater sowie die Seniorenvertretung Köln dem Thema „Behinderung und Alter" noch mehr öffnen.

Insgesamt gesehen ist die Gruppe der über 65-Jährigen in Bezug auf Lebensstandard und Wohnsituation in keiner wesentlich schlechteren Situation als die Gesamtbevölkerung. Bei differenzierter Betrachtung sind jedoch zwei Gruppen besonders in ihren Teilhabemöglichkeiten gefährdet:

- alleinstehende Seniorinnen und Senioren, insbesondere Frauen mit kurzen Erwerbszeiten, und
- Menschen mit Behinderung, denen es
  - aufgrund ihrer Biografie nicht möglich war, ein über der Grundsicherung liegendes Einkommen zu erzielen, und die
  - zusätzlich zum Alter aufgrund ihrer Behinderung in ihrer Teilhabe eingeschränkt sind.

Die Anliegen der Menschen mit Behinderung sind den Verantwortlichen in Politik und Verwaltung der Stadt Köln sehr wichtig. Deshalb wurde im Jahr 2003 auch die „Stadtarbeitsgemeinschaft Behindertenpolitik“ ins Leben gerufen. Dort arbeiten Vertreterinnen und Vertreter der Ratsfraktionen, der Wohlfahrtsverbände, der Kölner Behindertenorganisationen und Behindertenselbsthilfegruppen sowie die Stadtverwaltung gemeinsam an behindertenrelevanten Themen. Sie berichten dem Rat und dessen Ausschüssen, geben Stellungnahmen und Vorschläge ab.

Als Bürgermeisterin interessiert mich natürlich vor allem, was Kommunalpolitik zur „gesellschaftlichen Teilhabe 2030“ beitragen kann. Insofern wünsche ich mir, dass Sie in Ihren Vorträgen und Arbeitskreisen auch Anregungen für die kommunalen Akteure formulieren, seien es Träger von Einrichtungen, Organisationen oder die Kommunalpolitik.

In diesem Sinne wünsche ich Ihnen spannende Diskussionen und Ihrer Fachtagung einen guten Verlauf und viel Erfolg!

Grußwort

Petra Weritz-Hanf, Bundesministerium für Familie, Senioren, Frauen und Jugend

Anlässlich der 17. Fachtagung „Behinderung und Alter" an der Humanwissenschaftlichen Fakultät der Universität Köln übermittele ich Veranstaltern, Mitwirkenden und Gästen die besten Grüße aus Berlin. Mein Kompliment an das Zentrum für Heilpädagogische Gerontologie, dem es einmal mehr gelungen ist, namhafte Referentinnen und Referenten in ein spannendes Programm einzubinden! Das entspricht guter Übung und hat beachtliche Außenwirkung. Deshalb sind wir im Bundesministerium für Familie, Senioren, Frauen und Jugend auch gerne zu ideeller und finanzieller Unterstützung bereit.

Gesellschaftliche Teilhabe 2030 – damit richten Sie den Blick weit in die Zukunft. Das ist eine Zeit, in der meine Altersgruppe selbst zu den Hochaltrigen zählen wird. In welcher Gesellschaft werden wir dann leben?

Der ehemalige Bundespräsident Roman Herzog hat in seiner Weihnachtsansprache 1998 gesagt: „Entscheidend für die Zukunft ist, wie wir menschlich miteinander umgehen". Für mich heißt das konkret, sich partnerschaftlich auf Augenhöhe zu begegnen, den anderen zu Wort kommen lassen, über Einfühlungsvermögen und Zuwendung Zugänge zu finden.

Menschlicher Umgang miteinander lässt sich nicht verordnen. Aber wir können daran arbeiten, Rahmenbedingungen schaffen für eine lebenswerte Gesellschaft, in der Alt und Jung, Menschen mit und ohne Handicaps gut miteinander leben können.

Schon heute müssen wir uns fragen: Wie kann eine Gesellschaft des langen Lebens so gestaltet werden, dass sie die Chancen des demografischen Wandels für alle nutzt?

Auch Menschen mit Behinderung kommen zunehmend ins Rentenalter. Das ist eine ganz neue Erfahrung und zugleich eine Herausforderung für sie selbst, ihre Familien sowie Betreuerinnen und Betreuer.

In der Bundesrepublik Deutschland gibt es keine speziellen Untersuchungen zum Älterwerden mit einer schweren Behinderung, da viele Menschen mit Fehlbildungen, mit schwerer körperlicher und/oder geistiger Behinderung sowie psychisch kranke Menschen im Nationalsozialismus nicht überlebt haben. Es bestehen daher kaum eigene Erfahrungen, auf die heute zurückgegriffen werden könnte. Deshalb ist es besonders wichtig, Betroffene, deren Angehörige und Betreuer nach ihren Wünschen und Bedürfnissen zu fragen.

Aus der Gerontologie wissen wir: Alternsprozesse verlaufen bei allen Menschen grundsätzlich in gleicher Weise, unabhängig davon, ob diese gesund sind, ob eine körperliche Erkrankung, eine Behinderung oder eine Einschränkung psychischer Funktionen vorliegt. Im Zusammenhang mit Erkrankungen oder Behinderungen können sie jedoch früher auftreten oder in den betroffenen Bereichen rascher voranschreiten.

Prävention und Rehabilitation sollten deshalb auch und gerade für ältere Menschen mit Behinderung stärker greifen. Mit der letzten Änderung des SGB V sind Rehabilitationsleistungen nicht länger Ermessensleistung der Krankenkassen, gibt es auch die ambulante mobile Rehabilitation als Regelleistung. Das ist sicher ein Fortschritt, aber dennoch muss ein Bewusstseinswandel noch einsetzen, spezifische Angebote sind zu entwickeln und zu erproben. Vor allem dürfen wir nicht vergessen, das soziale Umfeld einzubeziehen. Stützende familiäre Netzwerke tragen oft nicht länger, wenn die alten Eltern selbst hinfällig und pflegebedürftig werden.

Ergebnisse aus der von unserem Haus geförderten Untersuchung „Perspektiven alternder Menschen mit schwerster Behinderung in der Familie“ bestätigen, dass schwerstbehinderte Menschen genauso vielfältige und unterschiedliche Bedürfnisse haben wie Menschen ohne Handicap. Politik für Menschen mit Behinderungen muss nicht nur diese Individualität ausdrücklich berücksichtigen, sie sollte auch dafür sorgen, dass die

Lebensplanung der Familien frühzeitig begleitet und kompetente Beratung angeboten wird.

Viele hilfebedürftige Menschen sind heute schon auf sich allein gestellt. Von den Anrufenden beim Alzheimer-Telefon, einem Beratungsangebot der Deutschen Alzheimer Gesellschaft, ist es jeder vierte; diese Zahl wird in Zukunft steigen. Damit auch Menschen, die nicht auf Fürsorge durch Angehörige zählen können, dennoch so lange wie möglich zu Hause leben können, reichen professionelle Dienste nicht aus. Freiwillig Engagierte müssen hinzukommen.

In Zukunft kommt es immer stärker darauf an, dass die Menschen einander auch außerhalb der Familie helfen und füreinander Verantwortung übernehmen. Solche Hilfenetze wollen rechtzeitig aufgebaut sein – eine Aufgabe für älter werdende Menschen selbst, aber auch für die lokale Gemeinschaft. Es geht darum, den einzelnen Menschen am konkreten Lebensort aufzufangen, zu unterstützen, neue Strukturen der Begleitung und des Einbeziehens der Betroffenen in die kommunale Gemeinschaft zu fordern und zu fördern.

Mit den neuen Freiwilligendiensten aller Generationen, dem Programm „Aktiv im Alter" und den Kooperationsnetzen der 500 Mehrgenerationenhäuser wollen wir helfen, dieses Ziel zu erreichen.

Ein wichtiger Schritt zur individuellen Lebensgestaltung für Menschen mit Behinderung ist die Einführung des Persönlichen Budgets. „Persönliches Budget" setzt den Paradigmenwechsel in der Behindertenpolitik weg von der Fürsorge hin zur selbstbestimmten Teilhabe ganz konkret um. Behinderte Menschen können hiermit anstelle von Dienst- und Sachleistungen eine Geldleistung oder Gutscheine erhalten, um sich die für ihre Teilhabe erforderlichen Assistenzleistungen selbst zu beschaffen. Als Experten in eigener Sache können sie den „Einkauf" von Leistungen eigenverantwortlich und selbstständig regeln. Persönliche Budgets helfen, die aktive Teilhabe am Leben in der Gesellschaft zu fördern und Vorurteile und Benachteiligungen zu vermeiden. Seit Januar 2008 sind sie Regelleistung.

Die Budgets werden grundsätzlich von allen behinderten Menschen angenommen: Neben behinderten Menschen mit einem geringen Hilfebedarf nehmen auch solche mit einem umfassenden Pflege- und Unterstützungsbedarf Budgets in Anspruch. Die größte Gruppe unter den Budgetnehmer/inne/n bilden Menschen mit einer psychischen Erkrankung, die zweitgrößte Menschen mit geistiger Behinderung.

Die Bundesregierung hat ein Förderprogramm aufgelegt, das Ideen entwickeln soll, wie und wo das Persönliche Budget zur Verbesserung der Lebensqualität von behinderten Menschen eingesetzt und wie sein Bekanntheitsgrad gesteigert werden kann.

Für Menschen mit Behinderung darf sich mit Eintritt von Pflegebedürftigkeit die Lebenslage nicht verschlechtern. Deshalb ist es wichtig, auch sozialgesetzliche Leistungen in Überschneidungsbereichen so aufeinander abzustimmen, dass Nachteile vermieden werden.

Die Entwicklung eines neuen, umfassenden Begriffs der Pflegebedürftigkeit mit dem Kennzeichen Beeinträchtigung der Selbstständigkeit, die personelle Hilfen in verschiedenen Lebensbereichen erforderlich macht, bietet die Chance eines ganzheitlichen Ansatzes.

Dieser wird von allen Interessenvertretern begrüßt, die im Beirat des Bundesgesundheitsministeriums den Prozess kritisch begleiten. Dennoch bleiben viele offene Fragen. Auf die abschließenden Empfehlungen darf man gespannt sein!

Mit dem Neunten Sozialgesetzbuch (SGB IX), dem Behindertengleichstellungsgesetz und dem Allgemeinen Gleichbehandlungsgesetz hat die Bundesregierung Voraussetzungen geschaffen, um die Situation behinderter Menschen zu verbessern. Auch auf internationaler Ebene wurden die Rechte behinderter Menschen gestärkt: Seit dem 30. März 2007 steht den Mitgliedstaaten der Vereinten Nationen das „Übereinkommen über die Rechte behinderter Menschen“ und das dazugehörige Fakultativprotokoll zur Unterzeichnung und Ratifikation offen. Deutschland gehört mit seiner Unterschrift unter das Übereinkommen und das Fakultativprotokoll zu den ersten Zeichnerstaaten und hat zugleich während der deutschen EU-Ratspräsidentschaft und des „Europäischen Jahres der

Chancengleichheit für alle“ ein sichtbares Zeichen seines Einsatzes für behinderte Menschen gesetzt.

Vieles hat sich getan in den letzten Jahren, aber dennoch stehen wir erst am Anfang eines Lernprozesses zu einer neuen Kultur des Umgangs mit Alter und Behinderung.

Nutzen Sie die Gelegenheit, heute und morgen Visionen zu entwerfen, an denen Gesellschaft und Politik ihr Handeln mit Blick auf 2030 ausrichten können!

Grußwort

Dr. Peter Michell-Auli, Geschäftsführer des Kuratoriums Deutsche Altershilfe, Köln

Sehr geehrte Damen und Herren,

ich freue mich sehr, heute bei Ihnen sein zu können und diese Fachtagung miteröffnen zu dürfen.

Denn wir im Kuratorium Deutsche Altershilfe fühlen uns dieser Veranstaltung und dem Thema „Behinderung und Alter" seit vielen Jahren verbunden: Immer wieder waren und sind hier KDA-Mitarbeiterinnen und -Mitarbeiter als Referenten zugegen. In diesem Jahr ist dies Frau Kremer-Preiß im Arbeitskreis „Neue Wohnformen".

Das Thema „Behinderung im Alter" ist aktuell. Als wir es zum Titelthema unseres Fachmagazins ProAlter in der vorletzten Ausgabe machten, war die Resonanz so groß, dass die Ausgabe kurz nach dem Erscheinen vergriffen war.

In den letzten Jahren hat das Thema „Behinderung und Alter" auch innerhalb unserer täglichen Arbeit an Bedeutung zugenommen. Denn viele Menschen mit Behinderung sind inzwischen in die Jahre gekommen, alt und auch pflegebedürftig geworden – und streben einen lebenswerten Ruhestand und eine qualitätsvolle, auf ihre Bedürfnisse zugeschnittene Betreuung an. Was sie brauchen, sind geeignete Wohn- und Lebensformen, die ihnen so viel Unabhängigkeit und Lebensqualität wie möglich geben und so viel Betreuung und Pflege wie nötig ermöglichen.

Aus diesem Grund werden auch die leider nach wie vor bestehenden Abgrenzungen/Schranken zwischen Behinderten- und Altenhilfe immer sinnloser. So fordert das KDA schon seit längerem, dass aus diesem Nebeneinander der beiden Sozialbereiche endlich das dringend notwendige Miteinander erwächst und die Angebote von Behinderten- und Altenhilfe besser aufeinander abgestimmt werden (ein gegliedertes Leistungssystem führt zu Kosten bei Prävention und Rehabilitation). Immensen Nachholbedarf haben wir auch, was die Erforschung der Lebensbedingungen und Bedürfnisse alternder Menschen mit Behinderung betrifft.

Erste Befragungsergebnisse bei älteren Menschen mit Behinderung zeigen, dass sich die Wünsche von älteren Menschen mit und ohne Behinderung kaum voneinander unterscheiden:

- Sie wollen gesund bleiben, damit sie lange aktiv am Leben teilhaben können.
- Sie wollen ihren Ruhestand nicht allein, sondern mit Freundinnen, Freunden, Bekannten und der Familie verbringen.
- Sie möchten selbst bestimmen können, wo sie ihre persönliche Lebensphase Alter verbringen wollen; und sie möchten selbst entscheiden, wie sie ihr Leben gestalten wollen.

Hieraus lassen sich die folgenden Handlungsempfehlungen ableiten:

- Spezifische Konzeptentwicklung und Mitarbeiterqualifizierung, um die Einrichtungen der Alten- und Behindertenhilfe auf die steigende Anzahl der älteren Menschen mit Behinderung umfassend und effektiv vorzubereiten,
- Gewährleistung von Rahmenbedingungen für einen fließenden individuellen Übergang in die nachberufliche Lebensphase,
- Ausbau von individuellen und seniorengerechten Wohnformen,
- Gestaltung einer individuellen und seniorengerechten Tagesstruktur,
- Entwicklung und Implementierung von seniorengerechten Maßnahmen zur Gesundheitsförderung,
- und last not least – ganz wichtig im Kontext dieser Fachtagung – die Befähigung zur Selbstbestimmung und Teilhabe, da ältere Menschen mit Behinderung selbst bestimmen wollen, wo und wie sie ihr Leben im Alter gestalten.

Während die früheren Generationen älterer Menschen mit Behinderung, sofern sie überhaupt die Schwelle des Alters erreicht hatten, geprägt waren von einem Leben in psychiatrischen Kliniken, Pflegeheimen und großen Wohneinrichtungen, von einer dort oft vorherrschenden rigiden und unpersönlichen Behandlung und Umgangsweise, die keine individuelle und bedürfnisgerechte Förderung zur Weiterentwicklung vorhandener Fähigkeiten zuließen, sieht es bei der jetzigen und den kommenden Generationen älterer Behinderter zum Glück anders aus. Sie haben Förderung erfahren, sie sind selbstbewusster und sie wissen, was sie wollen und was sie nicht wollen. Was sie wollen, ist gehört und anerkannt zu werden, ein nutzbringendes Mitglied dieser Gesellschaft zu sein und an ihr teilzuhaben – auch im Alter.

Wir im KDA arbeiten dafür, dass zukünftig mehr entsprechende Angebote vorhanden sind, damit alte Menschen – ob mit oder ohne Behinderung – so leben können, wie sie wollen und wie es ihren Bedürfnissen entspricht.

Ideal ist dabei aus unserer Sicht das Leben im kleinräumigen Wohnquartier, das Wohn- und Lebensraum sowie Teilhabe für alle bietet und von allen, die darin leben und daran mitwirken, Engagement, sofern sie das erbringen können, fordert.

Lassen Sie uns gemeinsam daran arbeiten, dass es – möglichst nicht erst 2030 – bald so sein wird, dass alle alten und jungen Menschen – ob mit oder ohne Behinderung – miteinander in einer Gesellschaft leben können, die von Inklusion gekennzeichnet ist und Selbstbestimmung ermöglicht.

Eröffnungsvortrag

Von der Kinderkrippe bis zur Pflegebedürftigkeit – Auswirkungen des demografischen Wandels in Deutschland bis 2050[1]

Prof. Dr. Eckart Bomsdorf

1. Einführung

Der demografische Wandel in Deutschland ist kein Phänomen der jüngsten Zeit, wie die aktuellen Diskussionen vermuten lassen. Bei Betrachtung beispielsweise der letzten 130 Jahre lässt sich feststellen, dass schon immer demografischer Wandel in größerem Umfang stattgefunden hat. Dieser lässt sich nicht nur daran erkennen, dass der Bevölkerungsumfang – unabhängig von äußeren Ereignissen – deutlich variierte, sondern auch daran, dass die Altersstruktur der Bevölkerung einem ständigen Wandel unterzogen war und ist. Der Rückgang der Geburtenzahlen war vor 100 Jahren wesentlich stärker als in der jüngeren Vergangenheit, er wurde jedoch weniger wahrgenommen, da er mit einem deutlichen Rückgang der Säuglingssterblichkeit einherging.

[1] Dieser Beitrag kann entsprechend der begrenzten Platzvorgabe nur einen Ausschnitt aus dem vom Autor unter Verwendung einer PowerPoint-Präsentation frei gehaltenen Eröffnungsvortrag der Tagung „Behinderung und Alter" vom 17./18.11.2008 in Köln wiedergeben. Alle Schaubilder und Tabellen beruhen auf eigenen Berechnungen. Auf ausführliche Literaturhinweise wird verzichtet.

Der Umfang und die Altersstruktur einer Bevölkerung hängen im Wesentlichen von drei Komponenten ab: der Anzahl der Geburten, der Anzahl der Sterbefälle und dem Umfang der Wanderungen über die Grenzen des betrachteten Gebietes hinaus. Dabei sind nicht die absoluten Werte allein entscheidend, sondern es kommt beispielsweise bei den Geburtenzahlen darauf an, wie viele Frauen es gibt, die sich im sogenannten gebärfähigen Alter befinden. Entscheidende Kenngröße für die Entwicklung der Fertilität in einem Land ist die Fertilitätsrate (auch zusammengefasste Geburtenziffer genannt), die angibt, wie viele Kinder eine Frau im Laufe ihres Lebens zur Welt bringt. Bei der Mortalität werden als globale Kenngrößen häufig die alters- und geschlechtsspezifische Lebenserwartung – vor allem die Lebenserwartung Neugeborener – angeführt. Bei den Wanderungen erfolgt eine entsprechende Aufteilung der Zu- und Abwanderungen.

In der von Medien, Politik und Wirtschaft dominierten Debatte um den demografischen Wandel existieren eine Reihe von Irrtümern, die es mitunter schwer machen, eine sachliche Diskussion zu führen. Beispielhaft sei hier die Höhe der Lebenserwartung genannt, bei der als Quelle zumeist einfach die Status-quo-orientierten aktuellen Sterbetafeln des Statistischen Bundesamtes Verwendung finden. Das Bundesamt betont immer wieder, dass diese Periodensterbetafeln nicht die reale Lebenserwartung wiedergeben sollen und können. So wird nach den Sterbetafeln 2005/2007 des Statistischen Bundesamtes die Lebenserwartung von neugeborenen Mädchen (Jungen) mit 82 ¼ (knapp 77) Jahren angegeben. Realistischer wären hier jedoch Werte, die den zukünftigen Rückgang der sogenannten einjährigen Sterbewahrscheinlichkeiten einbeziehen; die Lebenserwartung heute geborener Mädchen (Jungen) dürfte demnach bei über 90 (85) Jahren liegen.

Pflegebedürftigkeit ist in erster Linie ein Phänomen des Alters. Die alters- und geschlechtsspezifischen Pflegequoten (Anzahl der Pflegebedürftigen[2] eines Alters und Geschlechts bezogen auf alle Personen dieses Alters und Geschlechts) steigen vereinfacht gesagt mit zunehmendem Alter. Insoweit ist es unmittelbar einsichtig, dass für die Entwicklung des Umfangs der Pflegebedürftigkeit in Deutschland die Altersstruktur der Bevölkerung eine wesentliche Rolle spielt. Ende 2005 gab es in Deutschland über 5.100 Hundertjährige, diese Zahl wird sich in den nächsten 50 Jahren vervielfachen. Von den heute über eine Million Fünfzigjährigen werden voraussichtlich 60.000 bis 70.000 einhundert Jahre alt werden.

Um Modellrechnungen für die Bevölkerungsentwicklung der nächsten Jahrzehnte vornehmen zu können, sind Annahmen über die eingangs erwähnten Komponenten der Bevölkerungsentwicklung aufzustellen. Gegenwärtig lässt sich feststellen, dass die Fertilitätsrate auf einem niedrigen Niveau nahezu konstant ist, die Lebenserwartung weiter steigt, und der Wanderungssaldo meistens positiv ist, jedoch nicht mehr in der durchschnittlichen Größenordnung der letzten 10 bis 15 Jahre liegt. Diese Situation führt dazu, dass das Durchschnittsalter der Bevölkerung zu- und der Bevölkerungsumfang abnimmt.

2. Die Bevölkerungsentwicklung in Deutschland bis 2050

Üblicherweise werden bei Bevölkerungvorausberechnungen immer mindestens drei Varianten vorgelegt: eine niedrige Variante (niedrige Fertilität, niedrige Lebenserwartung, niedriger Wanderungssaldo), eine mittlere Variante (mittlere Fertilität, mittlere Lebenserwartung, mittlerer Wanderungssaldo) und eine hohe Variante (hohe Fertilität, hohe Lebenserwartung, hoher Wanderungssaldo) (vgl. hierzu u. a. Bomsdorf und Babel 2007). Hierbei wird versucht, mit der hohen und der niedrigen Variante das gesamte Spektrum der möglichen Entwicklung des Bevölkerungsumfangs zu erfassen (vgl. Schaubild 1).

[2] Gemeint sind hiermit Pflegebedürftige der Pflegestufen I, II oder III gemäß SGB XI.

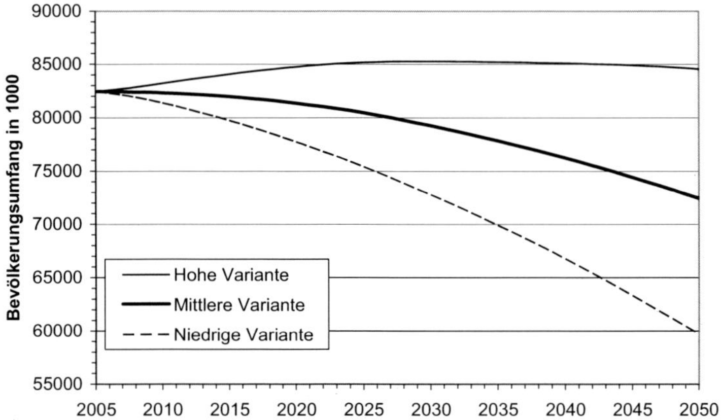

Schaubild 1: Bevölkerungsentwicklung in Deutschland 2005 bis 2050

Es könnte vermutet werden, dass die Entwicklung anderer bevölkerungsstatistischer Kenngrößen mit diesen drei Varianten hoch korreliert. Dies ist jedoch nur bedingt der Fall, wie beispielsweise die mögliche Entwicklung des Altenquotienten in Deutschland zeigt (vgl. Schaubild 2)[3]. Es zeigt sich, dass der Altenquotient in Deutschland ab 2020 in jedem Fall deutlich zunimmt und sich bis 2050 nahezu verdoppelt. In der niedrigen und der mittleren Bevölkerungsvariante verläuft die Entwicklung nahezu gleich, nur in der hohen ist die Zunahme des Altenquotienten ab 2030 etwas geringer.

[3] Altenquotient: Anzahl der mindestens 65-Jährigen bezogen auf 100 20- bis unter 65-Jährige

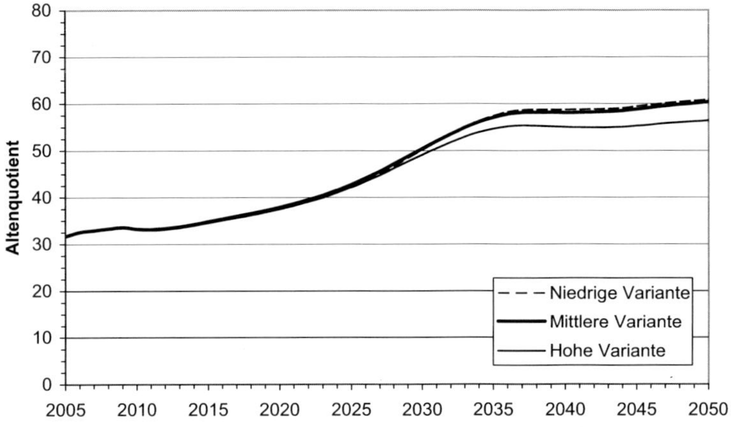

Schaubild 2: Altenquotient in Deutschland 2005 bis 2050

Für zwei gesellschaftlich und bevölkerungspolitisch wesentliche Größen, die Anzahl der benötigten Kinderkrippenplätze und die Anzahl der Pflegebedürftigen, sind die Anzahl der unter 3-Jährigen beziehungsweise die Anzahl der mindestens 80-Jährigen in hohem Maße relevant. Schaubild 3 zeigt für die mittlere Variante der Bevölkerungsvorausberechnung, dass die Anzahl der unter 3-Jährigen von gut 2 Millionen 2005 bis 2050 auf etwa 1,6 Millionen zurückgeht, während gleichzeitig die Anzahl der mindestens 80-Jährigen von etwa 3,6 Millionen auf 10 Millionen steigt. Mit anderen Worten: Die Anzahl der unter 3-Jährigen an der Gesamtbevölkerung sinkt in dieser Variante von 2,5 % auf 2 %, während gleichzeitig die Anzahl der mindestens 80-Jährigen von 4,5 % auf fast 14 % steigt. Dies macht sich auch im Durchschnittsalter der Bevölkerung bemerkbar, das im Jahr 2050 der mittleren Variante der Bevölkerungvorausberechnung nach bei etwa 50 Jahren liegen würde (gegenüber dem aktuellen Wert von ungefähr 44 Jahren).

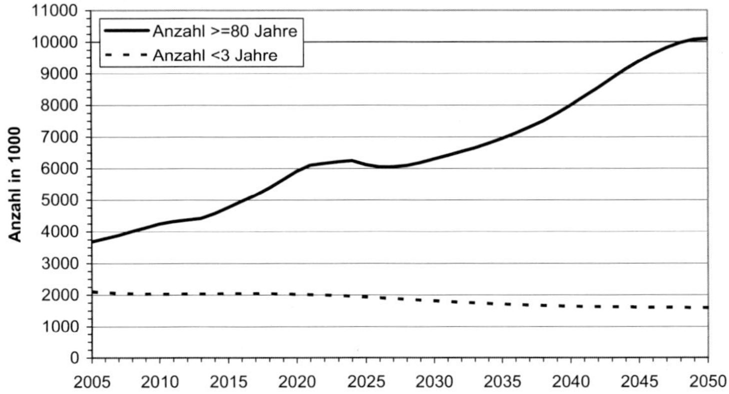

Schaubild 3: Anzahl der unter 3-Jährigen sowie Anzahl der mindestens 80-Jährigen in Deutschland 2005 bis 2050 (mittlere Bevölkerungsvariante)

3. Konsequenzen der Bevölkerungsentwicklung für das Arbeitskräfteangebot

Die Frage bleibt, wie es mit der Entwicklung der Anzahl der Personen im mittleren Alter steht. Besonders interessant ist die Anzahl der Erwerbspersonen. Wird eine Beschränkung auf die Erwerbspersonen im Alter von 20 bis unter 65 Jahren vorgenommen,[4] so ist in der mittleren Bevölkerungsvariante von einem Rückgang der Anzahl der Erwerbspersonen von gegenwärtig über 40 Millionen auf etwa 30 Millionen bis 2050 auszugehen. Dies würde gleichzeitig bedeuten, dass der Anteil der

[4] Das heißt, die obere Altersgrenze stimmt mit dem gegenwärtigen gesetzlichen Renteneintrittsalter überein.

Erwerbspersonen an der Bevölkerung insgesamt von etwa 50 % auf 42 % sinkt.

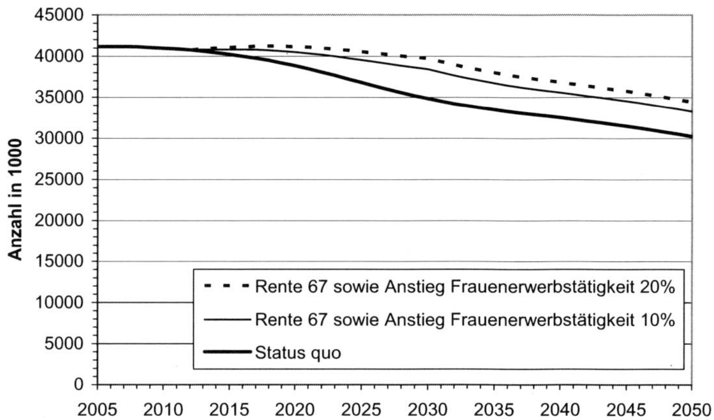

Schaubild 4: Erwerbspersonen in Deutschland 2005 bis 2050 (mittlere Bevölkerungsvariante)

Die genannten Zahlen weisen darauf hin, dass die Anzahl der mindestens 65-Jährigen deutlich steigen wird. Dies führt nicht nur zu einer deutlichen Belastung der Alterssicherungssysteme, sondern auch zu größeren Lücken auf dem Arbeitsmarkt. Diesen beiden Problemen soll u. a. mit der geplanten Einführung der stufenweisen Erhöhung des gesetzlichen Renteneintrittsalters bis auf 67 Jahre ab dem Jahr 2029 (nicht etwa ab heute, wie viele meinen) begegnet werden. Aus der Veränderung des gesetzlichen Renteneintrittsalters ergibt sich – sinnvollerweise – eine entsprechende altersmäßige Erweiterung der Definition der Erwerbspersonen. Kommt es gleichzeitig zur angestrebten Erhöhung der Erwerbsbeteiligung der Frauen, so führt dies dazu, dass die Anzahl der Erwerbspersonen und der Anteil der Erwerbspersonen an der Bevölkerung weniger stark zurückgehen (vgl. Schaubild 4).[5]

4. Konsequenzen der Bevölkerungsentwicklung für die Anzahl und den Anteil der Pflegebedürftigen

Die drei Varianten, die üblicherweise bei Modellrechnungen zur Bevölkerungsentwicklung betrachtet werden, bilden das mögliche Spektrum der zukünftigen Probleme des demografischen Wandels nur unzureichend ab. Dies macht die Betrachtung einer Zusatzvariante (mittlere Fertilität, hohe Lebenserwartung, niedriger Wanderungssaldo) deutlich (vgl. Schaubilder 5 und 6).

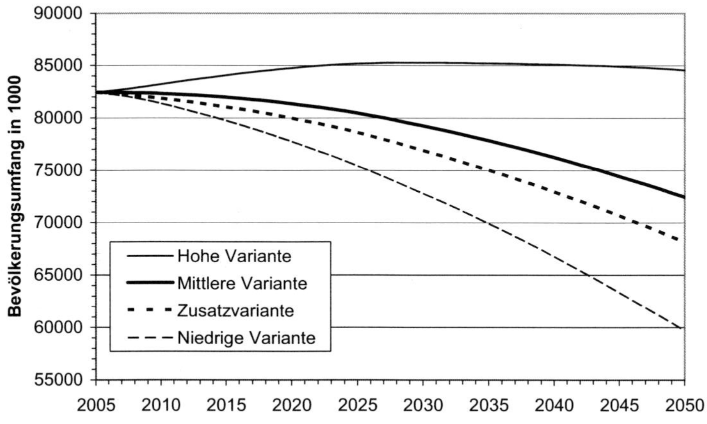

Schaubild 5: Bevölkerungsentwicklung in Deutschland 2005 bis 2050 unter Einbeziehung einer Zusatzvariante

[5] Dieser Effekt wird ausführlich behandelt in Bomsdorf (2008).

Diese Zusatzvariante führt zu einer Bevölkerungsentwicklung, die zwischen den Ergebnissen der niedrigen und der mittleren Variante liegt. Bei Betrachtung des Altenquotienten zeigt diese Zusatzvariante jedoch keine vergleichbare Einordnung. Der Altenquotient steigt bei der Zusatzvariante stärker als in den drei anderen Varianten. Dies legt es nahe, die Zusatzvariante auch als „alte" Variante zu bezeichnen.

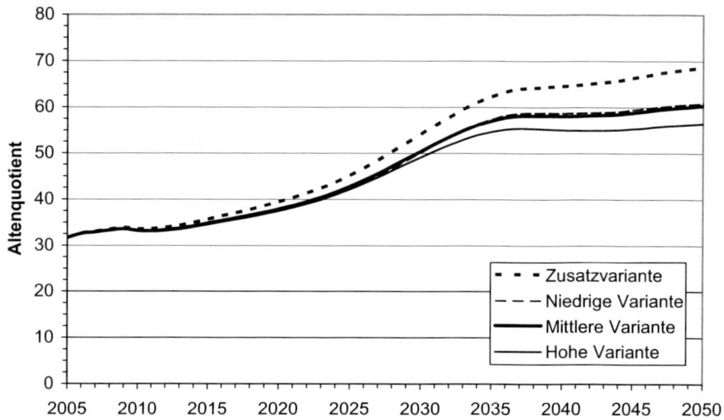

Schaubild 6: Altenquotient in Deutschland 2005 bis 2050 unter Einbeziehung einer Zusatzvariante

Entsprechende Betrachtungen lassen sich auch für die Anzahl und den Anteil der Pflegebedürftigen in Deutschland durchführen. Während bei der Anzahl der Pflegebedürftigen die hohe Bevölkerungsvariante zur größten Anzahl von Pflegebedürftigen führt, ist der Anteil der Pflegebedürftigen in der Zusatzvariante am größten. Dies gilt unabhängig davon, ob man von den heutigen Pflegequoten oder von altersverschobenen Pflegequoten ausgeht. Letztere beinhalten vereinfacht gesagt, dass sich die Pflegebedürftigkeit mit steigender Lebenserwartung etwas in höhere Alter verschiebt.

Tabelle 1 gibt für die mittlere Bevölkerungsvariante (V1) und die Zusatzvariante (V2) Informationen über die Entwicklung des Umfangs der

Pflegebedürftigen bis 2050. Während 2005 rund 2,1 Millionen Menschen in Deutschland pflegebedürftig waren, wird sich diese Anzahl unter der Annahme konstanter Pflegequoten bis 2030 um 50 %, bis 2050 um mindestens 100 % erhöhen. Der Anteil der Pflegebedürftigen an der Bevölkerung wird deutlich stärker zunehmen, da der Bevölkerungsumfang abnimmt. Bei altersverschobenen Pflegequoten sieht die Situation nur geringfügig besser aus. Auch in diesem Fall ist mit fast einer Verdoppelung der Anzahl der Pflegebedürftigen auf 4,05 Millionen bis 2050 in der mittleren Bevölkerungsvariante zu rechnen, in der Zusatzvariante steigt die Anzahl der Pflegebedürftigen bis 2050 auf 4,31 Millionen. Grob gesagt, kann in den vier betrachteten Fällen davon ausgegangen werden, dass der Anteil der Pflegebedürftigen an der Bevölkerung von gut 2,5 % heute auf Werte zwischen 5,6 % und 6,8 % steigt.

	konstante Pflegequoten			
	2005	2015	2030	2050
		V1/V2	V1/V2	V1/V2
Anzahl Pflegebedürftige (in Mio.)	2,12	2,57/2,59	3,24/3,36	4,36/4,63
Anteil Pflegebedürftige (in % der Bevölkerung)	2,57	3,13/3,20	4,09/4,37	6,01/6,80
Pflegelastquotient (Anzahl Pflegebedürftige auf 100 Pers. zw. 20 und 65 Jahren)	4,23	5,13/5,27	7,39/8,05	11,40/13,45
	altersverschobene Pflegequoten			
	2005	2015	2030	2050
		V1/V2	V1/V2	V1/V2
Anzahl Pflegebedürftige (in Mio.)	2,12	2,42/2,45	2,94/3,05	4,05/4,31
Anteil Pflegebedürftige (in % der Bevölkerung)	2,57	2,96/3,02	3,71/3,97	5,59/6,33
Pflegelastquotient (Anzahl Pflegebedürftige auf 100 Pers. zw. 20 und 65 Jahren)	4,23	4,84/4,98	6,70/7,31	10,59/12,53

V1: mittlere Bevölkerungsvariante V2: Zusatzvariante

Tabelle 1: Kennzahlen zur Pflegebedürftigkeit in Deutschland 2005, 2015, 2030 und 2050

Für die aus gegenwärtiger Sicht durchaus realistische Zusatzvariante der Bevökerungsvorausberechnung ergeben sich unter der Annahme altersverschobener Pflegequoten bis 2050 somit folgende Resultate: Während gegenüber 2005 der Anteil der Pflegebedürftigen um gut 100 % zunimmt und sich somit verdoppelt, wächst der Anteil der Pflegebedürftigen sogar um über 140 %. Gleichzeitig verdreifacht sich der Pflegelastquotient, der die Anzahl von Pflegebedürftigen bezogen auf 100 Personen im Alter zwischen 20 und 65 Jahren angibt, nahezu. Diese Zahlen weisen deutlich auf die Probleme hin, mit denen die Pflegeversicherung wegen der Zunahme der Anzahl der Pflegebedürftigen aufgrund der demografischen Entwicklungen rechnen muss.

Würden die Leistungen der Pflegeversicherung nicht dynamisiert, so könnte diese Zunahme der Anzahl der Pflegebedürftigen zu einem großen Teil durch die Erhöhung der Einnahmen aufgrund der Lohn- und Gehaltsentwicklung aufgefangen werden. Die, um die Leistungen real nicht oder allenfalls gering zurückgehen zu lassen, notwendige Dynamisierung der Leistungen der Pflegeversicherung und die zu erwartende Zunahme der Anzahl und des Anteils der Pflegebedürftigen kann aber keineswegs mit konstanten Beitragssätzen finanziert werden. Es ist unmittelbar einsichtig, dass sich der Beitragssatz in der Pflegeversicherung bis 2050 mindestens verdoppeln wird. Darauf weist auch die Entwicklung des in Tabelle 1 ebenfalls angegebenen Pflegelastquotienten hin.[6]

Im Zusammenhang mit dem demografischen Wandel wird häufig davon gesprochen, dass in Deutschland mehr Kinder – und mehr Zuwanderung – benötigt würden. Diese Aussage ist kurz- und mittelfristig nur bedingt richtig. Die erhöhten Kinderzahlen führen zunächst nur zu einer höhe-

[6] Da die Beiträge zur gesetzlichen Pflegeversicherung in erster Linie von den 20- bis 65-Jährigen getragen werden, gibt eine solche Kenngröße einen guten Anhaltspunkt für die steigende Belastung der Beitragszahler durch die Zunahme der Anzahl der Pflegebedürftigen. Auch bei diesen Betrachtungen darf nicht unberücksichtig bleiben, dass die gesetzliche Pflegeversicherung keineswegs dazu da ist, vollständig die Kosten ambulanter oder stationärer Pflege zu übernehmen.

ren finanziellen Belastung der Gesellschaft, ohne eine Entlastung beispielsweise für die Beitragszahler der sozialen Sicherungssysteme zu bringen. Eine Erhöhung der Fertilitätsrate würde beispielsweise die Anzahl der Pflegebedürftigen bis 2050 weitgehend unbeeinflusst lassen, allenfalls der Anteil der Pflegebedürftigen an der Bevölkerung würde gering zurückgehen. Für eine Erhöhung des Wanderungssaldos gilt dies nahezu entsprechend, wobei allerdings die Anzahl der Pflegebedürftigen etwas zunehmen würde. Steigt dagegen die Lebenserwartung über das angenommene Maß hinaus, so werden sich sowohl die Anzahl als auch der Anteil der Pflegebedürftigen bis 2050 deutlich erhöhen. Mit anderen Worten: Die Modellrechnungen für die Anzahl und den Anteil der Pflegefälle stehen auf einer relativ sicheren Basis, lediglich durch die zeitliche Variabilität der Pflegequoten und deutliche Veränderungen in den geschätzten Lebenserwartungen könnten sich hier noch größere Veränderungen gegenüber den Vorausberechnungen ergeben.

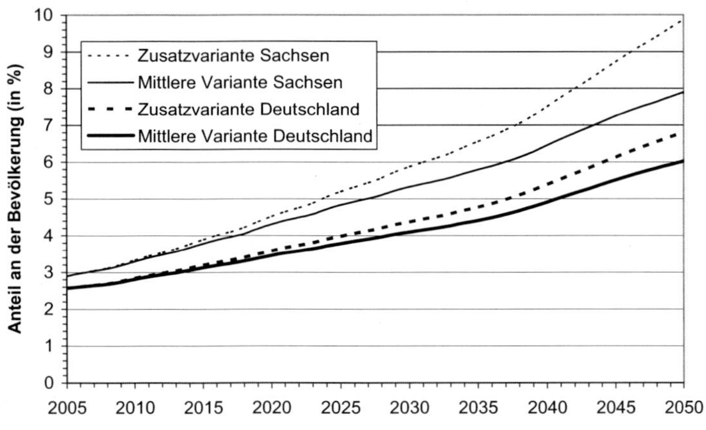

Schaubild 7: Pflegebedürftige in Deutschland sowie in Sachsen 2005 bis 2050 (Anteil an der Bevölkerung)

Der demografische Wandel in Deutschland ist regional unterschiedlich ausgeprägt. Dies zeigt sich auch bei Betrachtung der Entwicklung des

Anteils der Pflegebedürftigen an der Bevölkerung in Deutschland sowie in Sachsen. Während in der mittleren Bevölkerungsvariante davon auszugehen ist, dass der Anteil der Pflegebedürftigen 2050 in Deutschland bei 6 % und in Sachsen bei 8 % liegt, folgen aus der Zusatzvariante Werte von knapp 7 % für Deutschland und 10 % für Sachsen (vgl. Schaubild 7). Das heißt, es ist davon auszugehen, dass in Sachsen, wenn sich die heutige demografische Entwicklung fortsetzen würde, im Jahr 2050 jede/r 10. Einwohner/in pflegebedürftig ist.

Es bleibt die Frage, ob sich Politik und Gesellschaft bereits heute genügend auf die im Pflegebereich zu erwartenden quantitativen Herausforderungen vorbereiten. Das Anfang 2008 verabschiedete Pflege-Weiterentwicklungsgesetz sollte die Pflegeversicherung langfristig stabilisieren. Dies wird jedoch allenfalls bis 2015 gelingen, da zwei wesentliche im Koalitionsvertrag vom 11.11.2005 zwischen den Koalitionspartnern CDU/CSU und SPD getroffene Vereinbarungen, die Dynamisierung der Leistungen und die Einführung einer Teilkapitaldeckung bei der Pflegeversicherung, nur teilweise bzw. gar nicht im Gesetz umgesetzt wurden. Dabei soll nicht übersehen werden, dass in dem Gesetz einige Maßnahmen vereinbart wurden, die für die Pflegebedürftigen positiv sind. Der Gesetzgeber ist allerdings in manchen Punkten nicht konsequent gewesen, zum Beispiel bei der Dynamisierung der Leistungen, und er gibt auf der Beitragsseite keine Antwort auf die durch den demografischen Wandel langfristig zu erwartende Entwicklung. Die verabschiedete Beitragssatzsteigerung dient lediglich dazu, die kurz- und mittelfristig vorgesehenen Maßnahmen zu finanzieren. Der Weg bis zu einer qualitativ und quantitativ dauerhaft gesicherten Pflegeversicherung ist noch weit.

Literatur

Bomsdorf, E. (2008): Höhere Erwerbsbeteiligung der Frauen und Rente mit 67 stabilisieren Arbeitskräfteangebot – Modellrechnungen für die Bundesrepublik Deutschland bis 2050. ifo-Schnelldienst 61, Heft 13, 11-21

Bomsdorf, E.; Babel, B. (2007): Annahmenflexible Bevölkerungsvorausberechnungen und die 11. koordinierte Bevölkerungsvorausberechnung des Statistischen Bundesamtes. Wirtschaft und Statistik Heft 9, 905-912

Vorträge

Die echte Gesundheitsreform

Erik Händeler

Nicht von Gesetzen, die Geld anders verteilen, hängt die Bezahlbarkeit von Gesundheit in Zukunft ab. Sondern von Veränderungen im Lebensstil, einem präventiven Gesundheitsmarkt und einer neuen Arbeitskultur.

Ängstlich duckt sich die Öffentlichkeit vor den veröffentlichten Horrorszenarien der Zukunft weg: Die Alterskatastrophe wird in wenigen Jahren unweigerlich zuschlagen, mit Massen von schlecht versorgten Pflegebedürftigen, verarmten Rentnerinnen und Rentnern, ausgebluteten Sozialversicherungen und einem kollabierten Gesundheitswesen. Ganz zu schweigen von einer Wirtschaft ohne ausreichende Fachkräfte und von Unternehmen mit kränkelnder, innovationsfeindlicher alter Belegschaft. Das würde auch bis in zehn oder zwanzig Jahren so eintreffen – wenn alles so bliebe, wie es heute ist. Doch das wird nicht der Fall sein: Denn Gesundheitsmärkte, Lebensstil und Arbeitskultur werden sich ändern. Die Alten von morgen werden in der Wissensgesellschaft ein anderes Berufsleben hinter sich haben als heutige Rentner. Sie werden ihre Kompetenzen bei weniger Arbeitslast und flexiblen Bedingungen in den Unternehmen länger einbringen, weil sie länger gesund sein werden – ein wirklich reformiertes, präventives Gesundheitssystem wird ein Leben lang in sie investiert haben.

Wer die Zukunft plant, sollte den sozio-ökonomischen und technischen Wandel mit einbeziehen, wie ihn die Wirtschaftstheorie der langen Strukturzyklen von Nikolai Kondratieff (1892–1938) beschreibt: Dieser betrachtete grundlegende Erfindungen wie Dampfmaschine oder Eisenbahn, die das reale Leben verändern, samt den dazugehörenden neuen Anforderungen in der Bildung und im Betrieb, anstatt über rein monetäre Stellgrößen Probleme lösen zu wollen.

Die anstehenden Reformen dagegen – die Diskussionen um Kopfpauschale und Bürgerversicherung, der Gesundheitsfond – verteilen volkswirtschaftlich gesehen wieder nur Geld von der linken Hosentasche in die rechte, ohne den realen Gesundheitszustand der Bürger und ihren Lebensstil zu berühren. Da wird nun der prozentuale Beitrag der Arbeitgeber zu den Krankenkassen eingefroren, um die gestiegenen Lohnnebenkosten für die Unternehmen zu deckeln. Doch die Wirklichkeit hält sich nun mal nicht an Gesetze. Hinter Lohnnebenkosten stecken in Wirklichkeit Gesundheitsprobleme: Frühverrentung, Arbeitslosigkeit oder Pflegekosten sind Folgen mangelnder Gesundheit.

Innerhalb der Grenzen, in denen Gesundheit überhaupt gestaltbar ist, hat das mit dem Lebensstil der Menschen zu tun, mit Ernährung und Bewegung, vor allem aber mit nicht-materiellen Einflüssen wie sozialer Eingebundenheit, Selbstwertvorstellungen, Lebenssinn. Das alles kommt in der Gesundheitspolitik bislang fast nicht vor. Dort setzen wir uns darüber auseinander, wie Geld für Krankheitsreparatur unter den Beteiligten aufgeteilt wird, ob festgefahrene Strukturen ein wenig verändert und wie die Beiträge eingesammelt werden können. Kurz: Es geht um Geld und um Verwaltung, aber nicht zuerst um Veränderungen im realen Leben. Eher kümmert sich der Verbraucherschutzminister um dicke Teenager, die Bundeswehr warnt vor Kürzungen des Schulsports, weil die Wehrpflichtigen nicht fit genug sind, und die Wirtschaft investiert in die Gesunderhaltung ihrer Mitarbeiterinnen und Mitarbeiter, aber die Gesundheitspolitik?

Die (je nach Definition) zig „Gesundheitsreformen“ der vergangenen 35 Jahre konnten die steigenden Kosten nicht in den Griff bekommen, weil sie lediglich neu bestimmten, wie und wo Geld fließt; sie unternehmen kaum etwas, um Krankmachendes zu verringern. Die Kosten werden aber nur dann gleich bleiben oder (im Verhältnis zur Gesamtleistung der Volkswirtschaft) sogar sinken, wenn wir im Durchschnitt länger produktiv am Leben teilnehmen und weniger krank sind, weil wir auf die Anforderungen der neuen Wissensgesellschaft mit einer neuen Arbeitskultur und mit einem präventiven Gesundheitssystem angemessen reagieren.

Der nächste Strukturzyklus

Im Gesundheitszustand der Deutschen sind die größten, bislang schlafenden Ressourcen der Volkswirtschaft zu mobilisieren – ein Antrieb für einen langanhaltenden Wirtschaftsboom. Den Grund für diesen Optimismus liefert eine alte Argumentation: Dinge werden nicht aus Zufall oder Spielerei (weiter)entwickelt und angewendet – oft wurden dieselben Erfindungen zur selben Zeit unabhängig voneinander gemacht, sondern Innovationen und neue Märkte entstehen, weil sie wirtschaftlich notwendig werden, schrieb der russische Ökonom Nikolai Kondratieff vor 80 Jahren. Weil die englischen Unternehmer nicht mehr hinterherkamen, Bergwerke zu entwässern und Spinnräder mit Tierkraft anzutreiben, musste die Dampfmaschine entwickelt werden. Weil die hohen Transportkosten der Wirtschaft den Atem abdrückten, musste die Eisenbahn gebaut werden. Und weil die Informationsmenge explodierte, brauchte man eben so eine elektronische Kiste wie den Computer, um Wissen effizienter zu verwalten. Was diese Neuerungen im realen Leben an Zeit und Kraft einsparten, damit konnte etwas Zusätzliches geschaffen werden – so wuchs dann der Wohlstand.

Nachdem wir inzwischen die Probleme ganz gut gelöst haben, wie wir eine Waschmaschine zusammenmontieren oder Serienbriefe ausdrucken, ist die Nachfrage nach Gesundheit trotz steigender Beiträge längst größer, als es das reglementierte staatliche System finanzieren kann. Die stetig steigenden Verluste für die gesamte Volkswirtschaft, die schärfer werdenden Verteilungskämpfe zwischen den Akteuren, die neue Bedeutung von seelischer Gesundheit für Wissensarbeit und die höhere Altersstruktur verdeutlichen: Der vermeintliche Kostenfaktor Gesundheit wird der künftig entscheidende Produktionsfaktor für die Wirtschaft in der Informationsgesellschaft, eine wirtschaftliche Macht. Gesundheit, und zwar im Ganzen, also auch im seelischen und sozialen Sinne, die den produktiven Umgang mit Wissen bestimmt – das ist heute die neue Knappheitsgrenze im Sinne der Kondratiefftheorie, die das Wachstum niedrig hält. Deswegen werden sich daran die neuen Strukturen und Märkte entwickeln.

Der Lebensstil treibt die Krankheitskosten

Die genetische Ausstattung des Menschen reicht theoretisch für 120 Jahre. Wenn die Menschen früher mit Mitte 40 im Bergwerk an Erschöpfung oder an Seuchen starben, dann war das unnormal. Es ist normal, rüstig 80 Jahre alt zu werden. Dass immer mehr Menschen bei uns immer älter werden, ist angesichts unserer historischen wirtschaftlich-technischen Entwicklung keine demografische Katastrophe, sondern schlicht eine Normalisierung. Nicht das Altern ist das Problem. Kaum einer wagt auszusprechen, was das System sprengt: Das meiste Geld der Pflege- und Krankenkassen wird für die Folgen des individuellen Lebensstils in den vorangegangenen Jahrzehnten ausgegeben. Etwa 60 Prozent aller zum vorzeitigen Tode führenden Erkrankungen gehen auf eigenes gesundheitsschädigendes Verhalten zurück. Nicht die Technik, nicht der Arzt, sondern der Einzelne hat mit seiner Lebensweise den größten Einfluss auf das Wohlbefinden.

Die Herzoperation für den Kettenraucher mit Bluthochdruck oder das künstliche Hüftgelenk für die 160-Kilo-Patientin gehören heute zum teuren Klinik-Alltag. Praxisärzte können ein Lied singen von den kostspieligen Folgeerkrankungen von Typ-II-Diabetiker/inne/n, die sich partout nicht an ihre Diät halten (Typ-II-Diabetes, die durch den Lebensstil erworbene Variante, macht 90 Prozent aller Diabetesfälle aus). Immer mehr Kinder sind dick und haben die Krankheitssymptome alter Menschen. Zu wenig Schlaf ruiniert die Gesundheit, weil der Körper im Schlaf Zellen und Organe repariert, den Körper wachsen lässt und das Immunsystem aufrüstet. Dagegen hat, wer das Rauchen aufgibt und täglich auch Obst und Gemüse isst, eine gute Chance, länger gesund zu leben.

Einst haben wir mit besserer Hygiene Pest und Kindbettfieber präventiv besiegt. Heute haben wir es mit Seuchen wie der körperlichen Faulheit zu tun, euphemistisch auch „Bewegungsmangel" genannt. Sie verursacht einen Großteil der Zivilisationskrankheiten samt Todesfolgen. Denn der Körper leidet darunter, dass er nicht in Schwung kommt. Ohne Bewegung gibt es kaum Stoffwechsel, die Zellen werden dann zu schlecht versorgt und auch nicht mehr repariert, das Immunsystem vernachlässigt. Oder unsere Gedankenhygiene: Alles, was uns ärgert, wütend macht, ängstigt, sorgt auch dafür, dass wir (Seele) unseren Körper anspannen. Doch ein Muskel, der nur zu einem Drittel angespannt ist, wird nicht mehr durchblutet. Nur wenig mehr moderate, tägliche Bewegung könnte den kommenden Druck auf Renten- und Krankenkassen stark mildern.

Je knapper die Ressourcen im Gesundheitswesen werden und je weniger die Kassen alles für jeden bezahlen können, umso mehr steigt über höhere Zuzahlungen der Druck auf den einzelnen Menschen, an seiner Gesundheit weniger Raubbau als bisher zu betreiben. Die Wirklichkeit wird ein Gesundheitssystem erzwingen, in dem nicht wie heute alle Akteure nur ein Interesse an Kranken haben, weil sie an den Kranken verdienen, sondern in dem sie das Geld der Krankenkassen auch mit Gesunderhaltung verdienen: individuell passende Bewegung für den Stoffwechsel, Umgang mit Gefühlen und Stress, Lebensberatung. Deswegen wird die neue Gesundheitspolitik einen öffentlichen Rahmen schaffen, in dem das Individuum die Verantwortung für seine Gesundheit nicht mehr allein an die Ärzteschaft oder an den Staat delegiert. Ein präventives System wird dem einzelnen Menschen zu einer persönlichen Gesundheitsreform verhelfen und ihn fördern und fordern, seine Gesundheit zu erhalten. Technischer Fortschritt wird ebenfalls nicht nur Geld kosten, er wird vor allem Geld einsparen – auch weil sich Bildungskapital länger amortisieren kann. Damit wächst die Chance, länger gesund am Berufsleben teilzunehmen.

Entspannter und länger Arbeiten in der Wissensgesellschaft

Bisher steigt vor allem die Lebenszeit, ohne dass wir deshalb auch später in Rente gehen würden. Das stellt uns vor die Wahl, entweder weiter sinkende Renten zu akzeptieren, die 2025 dann nur noch das Existenzminimum abdecken werden – allein in den Jahren von 2004 bis 2007 ist die Kaufkraft der Renten um 6,4 Prozent gesunken, 2007 betrug die durchschnittliche Altersrente westdeutscher Männer lediglich 969 Euro, für westdeutsche Frauen 465 Euro (Ost: 1050 Euro; 666 Euro). Oder aber wir werden länger arbeiten – das empfinden heutige Berufstätige weitgehend als Diebstahl an einem wohlverdienten Feierabend nach einem arbeitsdichten Leben, während nur etwa elf Prozent der Bevölkerung bereit sind, später in Rente zu gehen. Doch nicht irgendwelche bösen Politikerinnen und Politiker, sondern die Wirklichkeit und der Druck aus der Brieftasche wird die meisten dazu zwingen, länger zu arbeiten, während andere in Zukunft auch deshalb werden länger arbeiten wollen, weil ihre Arbeit sie erfüllt oder das Unternehmen sie händeringend bittet.

Die Angst vor der Realität, bis ins Alter arbeiten zu müssen, wird vor allem davon geschürt, heutige krankmachende Arbeitsverhältnisse gedanklich eins zu eins in die Zukunft zu übertragen. Vergreisungsszenarien mit dem daraus folgenden Zusammenbruch der Sozialsysteme samt Krankenkassen sind aber gekoppelt an die Erwerbsbiografien der alten Industriearbeitsgesellschaft, als man in der Produktion arbeitete oder in starren 8-bis-17-Uhr-Büros. Das Lebensarbeitsende kam damals so abrupt wie vollständig. Weil sich Betriebe bis vor kurzem daran orientierten, war der über 50-jährige Mitarbeiter jemand, der dem Betrieb allmählich zu teuer wurde, der seinen Karrierehöhepunkt erreicht hatte und in den nun nichts mehr investiert wurde. Auf einem Abstellgleis bekam er sein Gnadenbrot – die vorzeitige Pensionierung schien der einzige Weg zu sein, ihn loszuwerden. In rund 40 Prozent der deutschen Betriebe gibt es schon jetzt keine Beschäftigten mehr, die über 50 Jahre alt sind. Bei den über 45-Jährigen in Deutschland ist jede/r Vierte arbeitslos. Von den 50- bis 65-Jährigen sitzen mehr als eine Million zu Hause, weil sie keine Arbeit mehr haben. Die Unternehmen schickten bis vor kurzem ihre 55-Jährigen in Frührente und klagten gleichzeitig über Fachkräftemangel.

In den passend dazu gestrickten Mythen arbeiten Ältere langsamer, leisten, verstehen und riskieren weniger, haben veraltetes Wissen, sind verschlossen und festgefahren. Das Institut für Wirtschaftsforschung in Halle bestätigt Anfang 2007 das Vorurteil: Ja, ältere Mitarbeiterinnen und Mitarbeiter kosten zwar mehr, leisten aber weniger. Das Leistungsniveau steigt früh im Erwerbsleben schnell an und geht ab 45 langsam zurück. Allerdings sei dies nicht naturgegeben, sondern meist eine Selffulfilling Prophecy: Wenn Ältere ein negatives Altersbild verinnerlicht und sich Altersstereotypen zu eigen gemacht haben – „alt" ist gleich „krank" und „schwach" –, dann leisten sie weniger, weil sie sich selbst weniger zutrauen, entgegen allen Untersuchungen, die Lernen und produktives Arbeiten auch im Alter bescheinigen, solange Menschen über 55 nur ausreichend gefördert, motiviert und weitergebildet werden. Gegen alle wirklichen oder nur vermeintlichen Nachteile des Älterwerdens lässt sich etwas tun: körperliches und geistiges Training, neue Herausforderungen. Andere Eigenschaften bleiben gleich, weil sie weitgehend von der Persönlichkeit eines Menschen abhängen: Wie leistungs- und zielorientiert jemand ist, wie systemisch jemand denkt, ob er kreativ und kooperationsfähig ist und sich konzentrieren kann.

In den Vorruhestand werden die älteren Kohorten also nicht deswegen geschickt, weil es ein Naturgesetz ist, dass sie weniger leisten, sondern weil die Rahmenbedingungen so gesetzt wurden: Seit den 1980er Jahren haben Unternehmen und Staat die Frühverrentung gefördert. Das nahm den 50-Jährigen jede Motivation, noch Energie in ihre Karriere zu investieren. Erst das hat dazu geführt, dass die Leistungen der Älteren sanken. Sie haben sich nicht mehr weiterqualifiziert, weil sie und ihre Betriebe wussten, dass mit 55 sowieso Schluss ist.

Wenn ältere Mitarbeiterinnen und Mitarbeiter bisher ein Wettbewerbsnachteil waren, dann hat das Unternehmen etwas falsch gemacht: Man hat sie demotiviert, indem man nicht auf ihre Wünsche eingegangen ist, flexibler oder weniger zu arbeiten. Viele scheiden aus dem Berufsleben aus, weil sie nicht mehr so viel oder so verdichtet arbeiten wollen – die

Firmen verlieren ihre älteren Mitarbeiterinnen und Mitarbeiter, nicht weil die Alten, sondern weil die Firmen zu unflexibel sind. Und viele wären einverstanden, weniger zu verdienen, wenn sie dafür auch wieder weniger leisten müssten.

Die Älteren resignieren auch, weil sie sich in der beruflichen Sackgasse sehen: Auf der Karriereleiter geht nichts mehr, neue Perspektiven fehlen. Menschen im mittleren Lebensalter werden nicht mehr gefördert – und das frustriert. Dequalifizierung – das Fehlen oder Verkümmern von Qualifikationen – ist keine Frage des Älterwerdens, sondern eine Frage des Nicht-Nutzens, des Vernachlässigens von Potenzialen und Ressourcen. Die Mitarbeiterinnen und Mitarbeiter sind lernungewohnt, nicht, weil sie älter werden, sondern weil es ihnen nicht mehr abverlangt wurde, zu lernen. Die Älteren selbst sind aber nur dann bereit, sich weiter einzubringen, wenn es ihnen die Arbeit, die Firma oder die Kollegen wert sind: Wer heute eher in Rente gehen will, der sehnt sich danach, weil er seine Arbeitsbedingungen als so unbefriedigend empfindet. Jemand ist nur dann bereit, den Umgang mit der neuen Software zu lernen, wenn er weiß, dass er in zwei Jahren nach der Pensionierung als Freiberufler nach eigener Lust und Laune weiter mithelfen kann. Ob die älteren Mitarbeiterinnen und Mitarbeiter sich einbringen und an Bord bleiben, ob sie auf Status verzichten und ständig weiter dazu lernen, das hängt vom Klima und vom Führungsverhalten ab.

➔ *Das heißt: Wir können den Druck auf die Krankenkassen entlasten, wenn wir die Arbeitsbedingungen und die Umgangskultur so ändern, dass es bei weniger Arbeitslast, kürzerer Arbeitszeit und flexibleren Abläufen möglich wird, auch im Alter noch gesund zu sein und zu arbeiten.*

Wissensgesellschaft: Neue Chancen für ein Arbeiten bis ins Alter

Die Rettung vor dem Kollaps der Sozialsysteme naht aus einem historischen Umbruch: Dass wir nun im Durchschnitt immer älter werden, fällt mit dem Einstieg in die Wissensgesellschaft zusammen. Und das ist kein Zufall: Der technisch-wirtschaftliche Fortschritt, der die körperliche

Arbeit zurückdrängte, verwandelt Arbeit vorwiegend in eine geistige Wertschöpfung im gedachten Raum. Wertschöpfung ist nun hauptsächlich immateriell: planen, organisieren, Wissen finden, das man braucht, um ein Problem zu lösen. Damit wird nun jeder wertvoll, weil er allein der König ist über das Wissen eines Fachgebietes oder eines Zwischenschrittes in der Produktion. Der Wohlstand wird nun in der Wissensgesellschaft davon abhängen, wie gut es gelingt, die unterschiedlichen Fähigkeiten, Perspektiven und Erfahrungen von Mitarbeiterinnen und Mitarbeitern zu nutzen und zu verbinden. Das erzwingt direkte Zuarbeit und oftmals wechselnde Kolleginnen und Kollegen in verschiedenen Projekten statt Hierarchie und Gleichförmigkeit. Zusammenarbeit in Teams (in denen die meisten keine Genies sind, sondern ganz normale Menschen), erfordert bestimmte Kompetenzen, die sich in der Regel erst nach einer längeren Berufserfahrung herausbilden. Für Ältere ist das eine neue Chance, der „Wettbewerbsvorteil 55plus“: Mit ihrem Erfahrungswissen über Markt und Kunden, einer Breite an kommunikativem Repertoire, fundierter Fachkenntnis, der Stabilität und Kontinuität, die sie in der Abteilung bewirken, ihre Kontakte und Kenntnisse formeller und informeller Strukturen – damit machen sie in einem Team die Kraft der Jungen erst effizient. Ältere sichern außerdem Entscheidungen besser ab, schätzen Probleme realistischer ein – alles auch aus dem gesammelten Schatz eigener Niederlagen.

Während früher die älteren Mitarbeiterinnen und Mitarbeiter entweder nach oben befördert oder in den Vorruhestand geschickt wurden, bekommt der Informationsarbeiter jetzt eine neue Perspektive: Er wird im Alter bei Projekten Kundenkontakte pflegen, Kollegen beraten und – ohne Gesichtsverlust – hierarchisch „niedriger“ als früher Einzelaufgaben übernehmen. Dabei wird er flexibler als in seinen besten Jahren eingesetzt, zeitlich weniger arbeiten und weniger verdienen als bisher, aber eben nicht zwischen 60 und 80 so verarmen, dass er Apotheken überfallen müsste, um an die benötigten Medikamente zu kommen.

Das frühere Verständnis von Karriere als Aufstieg produzierte ungeheure Verluste an Humankapital, weil sich Wissen verabschiedet oder weil es jene frustriert, die angesichts schlanker Hierarchien keine klassische

Karriereleiter mehr hinaufklettern können. Inzwischen laufen Biografiephasen und die Stationen des Berufes nicht mehr parallel. Vergütung wird künftig unabhängig vom Alter gezahlt, es gibt gleiches Geld für gleiche Arbeit. In der Informationsgesellschaft werden horizontale Fachkarrieren und projektbezogene Führungsaufgaben immer wichtiger, die jemanden von einer fachlichen Herausforderung in die nächste führt. Karriere misst sich künftig zum Beispiel an der Frage, wie interessant eine Aufgabe ist.

Informationsarbeit bietet auch die Chance, seine Arbeitsleistung langsam zurückzufahren. Wer mit den Belastungen an seinem bisherigen Arbeitsplatz nicht mehr zurechtkommt, kann meist sinnvoll versetzt werden. Arbeitsplätze, auf denen man alt werden kann, bieten einen Mix aus Routine und Neuem, sind ergonomisch optimiert und halten Möglichkeiten zur Entspannung bereit: Ältere können ihre Leistungsfähigkeit zum Beispiel in mehreren kurzen Pausen besser regenerieren als in einer langen. Die Wissensgesellschaft bietet außerdem die Chance, als Spezialist in einer Wissensnische „outgesourct" und projektbezogen hinzugezogen zu werden – das macht das Leben flexibel und eröffnet die Chance, ohne Druck bis ins Alter nach Bedarf mitzuarbeiten.

Die Bevölkerung muss die Änderungen wollen

Diese Strukturveränderungen werden erst mit der Verzögerung einiger Jahre wirken – und zwar nur dann, wenn es breite Kreise der Bevölkerung wollen. Und sie werden es nicht wollen, wenn sie die Entwicklung nicht wahrnehmen. Deswegen gehört eine konstruktive Diskussion der Alterung ins Zentrum der politischen Debatte.

Wenn es gut ausgeht, werden wir arbeiten bis ins hohe Alter – flexibler, bei weniger Arbeitslast und in fairen Kommunikationsstrukturen. Es wird wieder mehr Alte in den Betrieben geben, und ihre Zahl im Verhältnis zu den Jungen wird steigen. Erwerbsbiografien werden wieder länger. Innovationsgeschwindigkeit, herkömmliche Hierarchien und Arbeitsweisen geraten mit dem bisher ungewohnten Altersaufbau unter Druck. Das Senioritätsprinzip weicht horizontalen Karriereverläufen, die

Vorstellungen von Karriere ändern sich – sie werden weniger hierarchisch verstanden als eher von der Qualität der eigenen Arbeit. Wir werden wirklich lebenslang lernen, also bis zum Lebensende. Statt starrer Altersgrenzen wird es einen fließenden Übergang in den Ruhestand geben. Die Dreiteilung der klassischen Normalbiografie in Ausbildung, Arbeit und Ruhestand löst sich auf, sodass es in jeder Lebensphase sowohl Bildung als auch Arbeit als auch Sabbaticals geben wird. Und Vereinbarkeit von Familie und Beruf heißt eben nicht nur Kinderphase, sondern auch, die eigenen Eltern zu pflegen oder den kranken Ehepartner.

Voraussetzung für den Wohlstand in einer älter werdenden Wissensökonomie ist, dass wir unsere Arbeitskultur umstellen. Dieser Wandel wird früher oder später kommen, entweder durch Einsicht oder aber, weil die Wirklichkeit uns dazu zwingt. Der freie Wettbewerb wird die Unternehmen belohnen, die sich darauf einlassen: In der Wissensgesellschaft sind Quantität und Qualität der Arbeit untrennbar miteinander verbunden. Die Qualität der Arbeit entwickelt sich zur Triebfeder des Wirtschaftswachstums. Wettbewerb wird in Zukunft über Qualität, also über Wohlbefinden und Gesundheit der Mitarbeiterinnen und Mitarbeiter, entschieden. Das sind die Probleme von heute, an denen das Neue von morgen entsteht. Zugegeben: Altern bleibt eine Herausforderung. *Doch die schwärzesten Szenarien für das Gesundheitssystem werden nicht eintreffen. Weil wir vorher unsere Art zu leben und zu arbeiten umstellen werden.*

Kontakt

haendeler@kondratieff.biz

Webseite: www.Kondratieff.biz

Veröffentlichungen von Erik Händeler

Die Geschichte der Zukunft – Sozialverhalten heute und der Wohlstand von morgen. Kondratieffs Globalsicht. Moers 2007: Brendow Verlag

Kondratieffs Welt. Der Wohlstand nach der Industriegesellschaft. Moers 2005: Brendow Verlag

Der Wohlstand kommt in langen Wellen. Hörbuch. Moers 2007: Brendow Verlag

Gesundheit wird zum Wachstumsmotor – Die Ressourcen für Krankheitsreparatur werden immer knapper und der Innovationsdruck löst einen neuen Kondratieffzyklus aus. In: Merz, F. (Hrsg.): Wachstumsmotor Gesundheit: Die Zukunft unseres Gesundheitswesen. München 2008: Hanser-Verlag

Silberne Revolution – Gesundheit, Arbeit, Märkte in der Alterskultur. Zukunftsinstitut in Kelkheim 2009

info@zukunftsinstitut.de

Gerechte Teilhabe 2030

Dr. Lale Akgün, Köln

Wie wird unsere Gesellschaft im Jahre 2030 aussehen?

Gesellschaftliche Entwicklungslinien I

Niedrige Geburtenraten – schrumpfende Gesellschaft

- 1964 Höchststand an Geburten mit 1,2 Millionen
- Heute: ca. 730.000 Geburten jährlich – seit 1973 liegt die Zahl der Sterbefälle über der Zahl der Geburten
- Geburtenrate derzeit ca. 1,4 Kinder pro Frau Bestandserhaltungsniveau: 2,1 Kinder pro Frau
- Zahl der geburtenfähigen Frauen (bis 49) wird 2050 nur noch bei 19% liegen (jetzt: 24%)

Gesellschaftliche Entwicklungslinien II

Steigende Lebenserwartung – Alternde Gesellschaft

Lebenserwartung heute:
Männer 75 Jahre Frauen 81 Jahre

Lebenserwartung 2050:
Männer 81,6 Jahre Frauen 86,6 Jahre

2030 werden damit mehr Menschen zwischen 60 und 80 Jahren alt sein als zwischen 20 und 40.

2030 wird der Altenquotient (Rentner im Vergleich zu Erwerbstätigen) bei 71 und 2050 bei 78 liegen.

Gesellschaftliche Entwicklungslinien III

Größere soziale Kluft: Mehr Arme und mehr Reiche

- 3. Armutsbericht der Bundesregierung zeigt: die soziale Kluft in Deutschland vertieft sich.
- Jeder vierte Bürger ist von Armut betroffen oder muss durch staatliche Leistungen davor bewahrt werden.
- Ohne Sozialtransfers würde die Armenquote bei 26% liegen.
- Besonders schlechte Lage für Langzeitarbeitslose und Alleinerziehende – Lage der älteren Menschen hat sich verbessert (nur 2,3% beziehen Grundsicherung).

Gesellschaftliche Entwicklungslinien IV

Mehr Menschen mit Migrationshintergrund
– mehr religiöse, ethnische und kulturelle Vielfalt

- 15 Millionen Menschen mit Migrationshintergrund in Deutschland
- 3 Millionen Muslime
- Migrantenanteil bei Kindern und Jugendlichen (bis 25) 27,9%
- Bei den unter 6-Jährigen 33,1%
- Köln: 25% haben Migrationshintergrund,
  48% der unter 18-Jährigen haben Migrationshintergrund

Was hält die Gesellschaft im Jahre 2030 zusammen?

Kein sozialer Zusammenhalt ohne soziale Gerechtigkeit

- Gerechtigkeit als zentraler Begriff von Politik und deren Leitziel
- Regelung zwischenmenschlicher Konflikte um die Verteilung von Vorteilen und Lasten des sozialen Zusammenlebens:
    - 1. Austeilende Gerechtigkeit:
      Verteilung von Rechten, Pflichten, Gütern und Lasten
    - 2. Ausgleichende Gerechtigkeit:
      Wiedergutmachung von Unrecht

Was ist soziale Gerechtigkeit?

Verteilungsgerechtigkeit und Chancengerechtigkeit

- Gleichverteilung der Zugangsmöglichkeiten zu den notwendigen Grundgütern für die individuell zu entscheidende Entfaltung von Lebenschancen
- Stärkung individueller Fähigkeiten, die persönliche Autonomie, Würde, Entscheidungsfreiheit, Lebenschancen und Optionsvielfalt schützen, sichern und erweitern
- Vorsorgender Sozialstaat und nachträgliche Umverteilung müssen sich ergänzen

Dimensionen einer Politik der sozialen Gerechtigkeit

- Vermeidung von Armut
- Soziale Chancen durch Bildung
- Arbeitsmarktchancen
- Geschlechtergerechtigkeit und Antidiskriminierungspolitik
- Soziale Sicherung
- Gesundheits- und Pflegepolitik

Was sind die Zukunftsaufgaben einer Politik der sozialen Gerechtigkeit für das Jahr 2030?

Eine Politik der soziale Gerechtigkeit für das Jahr 2030

- Politik der sozialen Gerechtigkeit muss der Tatsache Rechnung tragen, dass unsere Gesellschaft *älter* wird, dass sie *schrumpft* und der *Anteil der Erwerbsbevölkerung* sinkt und dass wir in einer immer *heterogener* werdenden Gesellschaft leben werden.
- Staat und Gesellschaft müssen für Chancengleichheit sorgen: *Vorsorgender Sozialstaat* und *Umverteilung*
- Wichtiger für die Teilhabe aller in 2030 werden: Bildungspolitik, Zuwanderungspolitik, Integrationspolitik, Antidiskriminierungspolitik

Zukunftsaufgabe Armutsbekämpfung

- Risikogruppen: Ältere, Langzeitarbeitslose, Migranten, Alleinerziehende und Selbstständige
- Bruttolöhne und Gehälter je Arbeitnehmer gingen von 24.873 (im Jahr 2000) auf 23.684 zurück – um 4,8% gesunken
- Deutschland gehört zu den OECD-Staaten, die Ungleichheit von Markteinkommen am stärksten durch Steuern und Sozialtransfers reduzieren
  (3. Armuts- und Reichtumsbericht der Bundesregierung)

Armutsbekämpfung durch Erwerbsarbeit

- Erfolge bei der Steigerung der Erwerbsbeteiligung: seit 2006 geht die Arbeitslosigkeit zurück – bei Langzeitarbeitslosen ist sie um ¼ gesunken
- Allerdings: Zunahme des Niedriglohnbereiches geht mit gestiegenem Armutsrisiko von Erwerbstätigen einher – daher
- *Mindestlohn* – wer arbeitet muss auch davon leben können
- *Grundsicherung* (bei Erwerbsminderung) erhalten

Armutsbekämpfung durch Sozialtransfers

- Armutsrisiko der Gesamtbevölkerung vor Sozialtransfers bei 26% – nach Sozialtransfers bei 13% (und damit unter dem europäischen Durchschnitt)
- Rufe nach „weniger Staat" sinnlos – Sozialstaat ist und bleibt wichtig
- Mehr Gerechtigkeit bei Sozialtransfers: längerer Bezug von ALG I für Ältere und Einmalzahlung für ALG II-Empfänger mit schulpflichtigen Kindern pro Halbjahr

Armutsbekämpfung durch Altersvorsorge und Grundsicherung im Alter

- Armutsrisiko „Alter": zukünftige Vermögenssituation Älterer insgesamt positiv – aber: niedriges Alterseinkommen bei Personen, die länger selbstständig, geringfügig beschäftigt oder arbeitslos waren
- Besondere Risikogruppe dabei: ältere Migranten
- *Grundsicherung* (im Alter) eingeführt 2003 für alle muss erhalten bleiben

Zukunftsaufgabe Pflege

- Zurzeit 2,1 Millionen Pflegebedürftige, davon werden 1,4 Millionen Menschen zu Hause versorgt
- 700.000 Pflegebedürftige in Heimen,
  69.000 Menschen in vollstationären Einrichtungen für behinderte Menschen;
  Anstieg der Pflegebedürftigen: 0,5% pro Jahr
- *Pflegereform 2008*: Stärkung ambulanter Pflege, Anhebung der Leistungsbeträge für häusliche Pflege, Pflegeberatung, Pflegezeiten mit Rückkehrrecht an den Arbeitsplatz, Versorgung Demenzkranker

Zukunftsaufgabe Bildung

- Seit PISA ist bekannt: enger Zusammenhang zwischen sozialer Herkunft und Bildungschancen – bei Migranten noch stärker als bei Einheimischen
- Bildungspolitik daher auch zentrales Handlungsfeld von Integration (s.u.)
- Durchbrechung des „Unterschichtskreislaufs" ist nur möglich durch ein komplettes Umdenken in der Bildung
- Gewährleistet werden muss: eine durchgängige individuelle Förderung vom Kindergarten über Schule bis zur Jugend- und Erwachsenenbildung

Grundpostulate der Bildungspolitik

- Bildung der Kinder/Jugend ist die wichtigste Ressource der Zukunft.
- Kinder sind von Geburt an Individuen, die sich selbst bilden. Ihre Bildungsprozesse müssen individuell unterstützt werden.
- Kleinkinderziehung muss einen besonderen Stellenwert haben, wird in Deutschland aber bisher vernachlässigt. Dieses Verhältnis muss sich umkehren.

Mehrsprachigkeit

- Mehrsprachigkeit muss als Bereicherung für die Kinder und die Gesellschaft gesehen werden.
- Mehrsprachiges Aufwachsen ist von Geburt an zu fördern.
- Es gibt keine „guten“ oder „schlechten“ Zweit- und Drittsprachen.
- Die Herkunftssprachen der MigrantInnen sind daher gleichwertig zu fördern. Sie sind eine große spätere Berufschance für die Kinder von heute.

Vorschule

- Forderung: Verpflichtende und kostenfreie Vorschule für alle ab 4 Jahren
- Frühe Sprachförderung (nicht nur Deutsch, sondern gesamte Sprachkompetenz)
- Vorschule bedeutet: Umbau des „Spielkindergartens“ zur Lernvorschule
- Nur so können gleiche Startchancen beim Eintritt in die Grundschule erreicht werden

Reform des Schulsystems

Ziele

- Frühe Selektion abschaffen. Stattdessen langes gemeinsames Lernen
- Durchlässiges Schulsystem
- Individuelle Förderung
- Schulische Chancengleichheit

Konsequenz:

- Abschaffung der Dreigliedrigkeit
- Integration aller in Regelschulen
- Wiedereinführung der Schulbezirksbindung für Grundschulen
- Öffentliche Schulen in benachteiligten Stadtteilen müssen finanziell besser ausgestattet werden als andere.

Zukunftsaufgabe Einwanderung

- Wenn Einwanderungszahlen in den nächsten Jahren nicht signifikant erhöht werden, fehlen bis 2050 ¼ der Arbeitskräfte und die Gesellschaft altert.

- Wir brauchen gesteuerte Zuwanderung: *Punktesystem* und *Engpasszuwanderung,* um den sozialen Zusammenhalt der Gesellschaft (soziale Sicherungssysteme wie Rente und Pflegeversicherung) aufrechtzuerhalten.

- Engpasszuwanderung auch im sozialen Bereich (Ärzte und Pflegepersonal)

Zukunftsaufgabe Integration in der Einwanderungsgesellschaft

- Jede Einwanderungsgesellschaft braucht für den sozialen Zusammenhalt *Integration* – Erstintegration der Neuankömmlinge sowie nachholende Integration
- Integration hat verschiedene Ebenen und für Integration wird das politische Handeln von EU, Bund, Ländern, Kommunen und Zivilgesellschaft benötigt

Zukunftsaufgabe Integrationspolitik I

- <u>Erstintegration:</u>
Sprachkenntnisse, Wissen über Verkehrsformen und Normen der Aufnahmegesellschaft
- <u>Soziale Integration:</u>
Rechts- und Chancengleichheit
sowie Ähnlichkeit der Lebenslagen
in zentralen Lebensbereichen

Zukunftsaufgabe Integrationspolitik II

- Gesellschaftliche Integration:
  Soziale Kontakte zur Mehrheitsgesellschaft und kommunikative Teilnahme am öffentlichen Leben

- Identifikatorische Integration:
  Übernahme von gesellschaftlicher Verantwortung
  Internalisierung des Wertesystems

Materielle und immaterielle Seite von Integration

Integration hat eine *materielle* Seite:

Gleiche Chancen bei Bildung, auf dem Arbeitsmarkt, auf dem Wohnungsmarkt, gleiche politische Rechte

Integration hat auch eine *immaterielle* Seite:

Gefühl der Zusammengehörigkeit, Wir-Gefühl, Schutz von Muttersprache, freie Religionsausübung (Moscheebau/Islamunterricht)

Zukunftsaufgabe Antidiskriminierung

Heterogener werdende Gesellschaft braucht wirksame Antidiskriminierungspolitik:

- für ältere Menschen
- für Menschen mit Behinderungen
- für Frauen
- für sexuelle Minderheiten
- für Zugewanderte/ethnische Minderheiten

Dafür notwendig: klare rechtliche Regelungen, die Gerechtigkeit garantieren <u>und</u> offenes, tolerantes gesellschaftliches Klima

Allgemeines Gleichbehandlungsgesetz

- Allgemeines Gleichbehandlungsgesetz seit 2006 in Kraft – geht zurück auf Richtlinie der EU

- Neue Initiative der Europäischen Kommission für eine Richtlinie zur Gleichbehandlung außerhalb des Berufes – in Deutschland erneut Widerstand bzgl. der Umsetzung – den gilt es zu brechen

UN-Konvention Rechte von Menschen mit Behinderungen

- Ratifikation der UN-Konvention über die Rechte von Menschen mit Behinderungen läuft – 1. Lesung im BT am 12.11.2008
- Schwerpunkte: Rechte von Behinderten als Arbeitnehmer, Selbstbestimmung, Integration in Regelschulen
- Nach Ratifikation ist Umsetzung wichtig – Defizite bei Eingliederungshilfe, im Sozialgesetzbuch, aber auch bei Integration in Schule und Beruf real beheben, z.B. durch personenzentrierte Förderung der Teilhabe am Arbeitsleben

Gesellschaftliches Klima der Antidiskriminierung

- *Das große Missverständnis:* Diversifizierung der Gesellschaft ist kein Integrationsproblem!
- 50er und 60er Jahre: „Pluralisierung" war als Begriff positiv besetzt – Ziel: Emanzipation von konservativer Gesellschaft
- Mehrsprachigkeit, Multireligiosität und unterschiedliche Wertorientierungen, Milieus und neue Formen der Kommunikation und des Zusammenlebens sind Kennzeichen der *Postmoderne*

Arbeitskreise

Wohnhaus Lebenshilfe Biberach – gelebte Integration

Beate Hiller und Christine Schmid

Die Lebenshilfe für Menschen mit geistiger Behinderung, Kreisvereinigung Biberach e. V., ist seit 1993 Träger eines Wohnheimes mit 32 Wohnplätzen für Menschen mit geistiger Behinderung. Das „Wohnhaus Lebenshilfe" wurde in einem der größten Stadtteile Biberachs erbaut; so sollte von Anfang an Integration für die Bewohnerinnen und Bewohner möglich gemacht werden.

Als 1993 die Bewohnerinnen und Bewohner das Haus bezogen, war der Älteste 52 Jahre alt – vom Rentenalter also noch weit entfernt. Alle Bewohnerinnen und Bewohner waren damals noch in der Lage, in der Werkstatt für behinderte Menschen (WfbM) arbeiten zu gehen. Vor zwei Jahren wurde es nun notwendig, eine neue Betreuungsform anzubieten: die „Tagesstruktur Senioren".

Fünf Bewohnerinnen und Bewohner sind jetzt Rentner, fünf weitere arbeiten nur noch halbtags, da sie aufgrund ihres Alters oder ihrer Behinderung nicht mehr in der Lage sind, den ganzen Tag in der WfbM arbeiten zu gehen.

Im Rahmen der Seniorenbetreuung wird der Tagesablauf so weit wie möglich nach den Interessen und Fähigkeiten der behinderten Menschen gestaltet, mit dem Ziel, das geistige und körperliche Potenzial der Personen zu erhalten und somit das Eintreten von zusätzlichen Behinderungen zu verhindern oder mindestens zu mildern.

Die Seniorenbetreuung schließt eine Lücke, die durch das Beenden des Arbeitslebens entstanden ist. Den Menschen mit Behinderung im Alter kann dadurch ein Leben in ihrem gewohnten Umfeld weiterhin ermöglicht werden.

Wenn der tägliche Weg in die Behindertenwerkstätte wegfällt, werden neue Strukturen für eine individuell sinnvolle Gestaltung des Tages notwendig – dabei sind Menschen mit Behinderung im Alter verstärkt auf Assistenz durch interdisziplinäres Personal (Altenpflegerin, Krankenschwester, Heilerziehungspfleger und Hauswirtschafterin) angewiesen.

Um den angehenden Rentnerinnen und Rentnern den Eintritt ins Rentenalter leichter zu machen, hatten alle die Möglichkeit, zunächst mindestens ein Jahr lang nur noch halbtags zu arbeiten. Dadurch fiel es leichter, sich das Leben ohne die langjährigen festen Strukturen der WfbM vorstellen zu können. Die „Halbtagsrentner“ (so einer der Betroffenen) hatten die Möglichkeit, sich langsam auf den neuen Lebensabschnitt einzustellen – die nun gewonnene Zeit musste Sinn und Struktur bekommen. Wichtig war für uns von Anfang an, dass die Seniorinnen und Senioren immer die Möglichkeit haben, ihre Tagesstruktur selbst zu wählen. Die Mitarbeiterinnen und Mitarbeiter der Tagesstruktur Senioren machen Angebote, und je nach Bedürfnislage nehmen die Seniorinnen und Senioren an diesen Angeboten teil oder verbringen die Zeit auf ihren Wohngruppen oder in ihren Zimmern. Ein weiterer sehr wichtiger Punkt ist (auch oder gerade im Seniorenalter) Integration in der Gemeinde. Da das Wohnhaus Lebenshilfe in einem Stadtteil erbaut wurde, in dem viele soziale Einrichtungen vorhanden sind, bietet es sich an, diese Einrichtungen untereinander zu vernetzen, um so für alle Bewohnerinnen und Bewohner des Stadtteils tragfähige soziale Beziehungen zu ermöglichen.

Seit fünf Jahren besteht im Stadtteil ein „Runder Tisch“, an dem alle dort ansässigen Einrichtungen, Vereine und Kirchen teilnehmen. Aus einer am „Runden Tisch“ entstandenen Idee entwickelte sich ein einmal in der Woche stattfindender Mittagstisch. Im „Mehrgenerationenhaus“, das ebenfalls im Stadtteil ansässig ist, treffen sich Bewohnerinnen und Bewohner des Stadtteils jeden Dienstag zum gemeinsamen Mittagstisch und anschließenden Kaffeetrinken. Dieses Angebot wird ausschließlich durch ehrenamtliche Kräfte ermöglicht – und auch die Seniorinnen und Senioren des Wohnhauses Lebenshilfe tragen mit selbstgebackenen Kuchen zu diesem inzwischen seit drei Jahren erfolgreichen Beispiel von Gemeinwesenarbeit bei.

Ab September 2008 findet zusätzlich ein integrativer Spielenachmittag für Seniorinnen und Senioren mit und ohne Behinderung im Mehrgenerationenhaus statt – Förderung der Integration auch im Alter, da gerade bei älteren Menschen mit und ohne Behinderung soziale Kontakte für beide gleichermaßen wichtig sind.

Weitere Angeboten in der Seniorenbetreuung sind Führungen im Museum Biberach, Kooperation mit der Realschule Biberach, „Singnachmittage" im benachbarten Seniorenheim, „Kreativnachmittage" wie z. B. Malen, Filzen, Basteln oder Vorlesen...

Da die Seniorinnen und Senioren des Wohnhauses Lebenshilfe sehr viel unterwegs sind, ist häufig ein hoher organisatorischer Aufwand nötig, um alle (auch diejenigen, die im Wohnhaus bleiben möchten) adäquat zu betreuen (Fachpersonal!). Dennoch denken wir, dass dieser Mehraufwand dadurch gerechtfertigt wird, dass die Seniorinnen und Senioren einen sinnerfüllten Lebensabend genießen können.

Im Verlauf der Arbeitsgruppendiskussion wurde schnell klar, dass alle anwesenden Mitarbeiterinnen und Mitarbeiter von verschiedensten Einrichtungen dieselbe Problematik erleben:

- sehr schnell wachsende Zahl von Seniorinnen und Senioren in den Einrichtungen,
- mangelnde finanzielle Unterstützung durch die Kostenträger für die Tagesstruktur Senioren und
- mangelnde räumliche Ausstattung der Wohnheime.

Als ganz großes Problem wird die zunehmende Ambulantisierung gesehen: Wie soll eine „Tagesstruktur Senioren" aussehen, wenn einzelne Teilnehmerinnen und Teilnehmer über ein großes Stadtgebiet verteilt leben? Müssen dann doch alle wieder wie vorher im Arbeitsleben jetzt morgens in die „Tagesstruktur Senioren“ gebracht werden? Ist Selbstbestimmung für alte Menschen mit Behinderung unter diesen Vorgaben überhaupt möglich?

Von einigen Tagungsteilnehmerinnen und -teilnehmern wurde von interessanten Projekten berichtet: So baut eine Einrichtung im Moment ihre Angebote dahingehend aus, dass auf dem Einrichtungsgelände Appartements erbaut werden, die alten Menschen mit Behinderung und ihren sehr alten Eltern ermöglichen, gemeinsam die letzten Jahre ihres Lebens zu verbringen.

Auch das Thema „Binnendifferenzierung“ wurde wieder angesprochen; ebenso die Möglichkeit, ambulante Pflegedienste in die Einrichtungen zu holen.

In einer Abschlussrunde versuchte die Arbeitsgruppe die Frage zu beantworten: „Was brauchen wir, um Integration/Inklusion auch im Alter gelingen zu lassen“.

Als Antworten kamen:

- eine bessere Finanzierung,
- mehr und bessere räumliche Möglichkeiten,
- Zusammenarbeit mit unterschiedlichsten Institutionen und Gruppierungen,
- Qualifikation der Mitarbeiterinnen und Mitarbeiter (interdisziplinäre Teams) sowie
- Möglichkeiten des flexiblen Übergangs in den Ruhestand.

In einer „Gesellschaft des langen Lebens“ muss es machbar sein, auch alten Menschen mit Behinderung ein sinnerfülltes Altern zu ermöglichen – dies wird nur über Teilhabe am gesellschaftlichen Leben stattfinden können.

Diskriminierung ist ein Hindernis für gesellschaftliche Partizipation

Hanne Schweitzer

Im April dieses Jahres gab der frühere Bundespräsident Roman Herzog der Bildzeitung ein Interview. Er sagte: „Die Älteren werden immer mehr und alle Parteien nehmen überproportional Rücksicht auf sie. Das könnte am Ende in die Richtung gehen, dass die Älteren die Jüngeren ausplündern.“[1]

Alle Parteien nehmen überproportionale Rücksicht auf die Älteren? Der Herzog beliebt zu scherzen.

Dass wir z. B. seit dem Sommer 2006 ein Gesetz gegen (Alters-)Diskriminierung haben, verdanken wir nicht der überproportionalen Rücksichtnahme aller Parteien, sondern unserer Mitgliedschaft in der Europäischen Union. Brüssel sandte im Jahr 2000 ein Gebot aus, dass alle Mitgliedstaaten der EU ein Gesetz zum Schutz der Bürgerinnen und Bürger vor Diskriminierung erlassen müssen. Erst danach reagierten die hiesigen Parteien und implementierten ein entsprechendes Gesetz im Jahr 2006, nachdem Brüssel mit einem saftigen Strafgeld gedroht hatte.

Die Einführung des Allgemeinen Gleichbehandlungsgesetzes (AGG) war also keine souveräne Entscheidung unseres nationalen Gesetzgebers, sondern es gab eine Pflicht zur Umsetzung von europarechtlichen Richtlinien, die verbindliche Mindestanforderungen für die Gleichbehandlung der Bürgerinnen und Bürger in allen Mitgliedstaaten der EU festschrieben. Ziel des Allgemeinen Diskriminierungsgesetzes (AGG) ist es laut § 1, Benachteiligungen aus Gründen der „Rasse“ oder wegen der ethnischen Herkunft, des Geschlechts, der Religion oder Weltanschauung,

[1] Bild-Zeitung (10.4.2008), Die ALTEN übernehmen die MACHT.

einer Behinderung, des Alters oder der sexuellen Identität zu verhindern oder zu beseitigen. Die Richtlinien und das AGG unterscheiden zwischen einer unmittelbaren Diskriminierung, einer mittelbaren Diskriminierung und einer Belästigung.[2]

Jeder Diskriminierung liegt eine Bewertung darüber zugrunde, wie der „Mensch" zu sein hat. (Derzeit und hierzulande gilt, dass er möglichst männlich, weißer Hautfarbe, deutscher Nationalität, heterosexueller Orientierung, gesund, nicht arbeitslos, und unter 40 sein sollte.) Die Merkmale für Diskriminierung können in jedem Land andere sein. Die Merkmale für Diskriminierung können sich verändern (Beispiel: unehelich geborene Kinder). (Alters-)Diskriminierung verletzt die Würde und die Selbstachtung der Diskriminierten. Aber anders als der Begriff „Altersdiskriminierung" suggeriert, werden nicht nur alte Menschen wegen ihres Lebensalters diskriminiert. Auch junge Leute sind von Altersdiskriminierung betroffen, schon junge Menschen fürchten sie. Niemand, egal welches Geburtsjahr im Pass steht, ist für sein Alter verantwortlich. Lebensalter ist biologische Realität.

Lebensalter ist aber auch soziales Merkmal, und genau da liegt das Problem. Die von anderen als „richtig" oder „falsch" definierte Anzahl der Lebensjahre entscheidet über die Möglichkeit zur Teilhabe an dieser Gesellschaft oder über den Ausschluss von dieser Möglichkeit. Selbst EU-Richtlinie 78, die den europarechtlichen Rahmen für die Verwirklichung der Gleichbehandlung in Beschäftigung und Beruf festschreibt, bietet den Mitgliedstaaten in Artikel 6 die Möglichkeit, „dass Ungleichbehandlungen wegen des Alters keine Diskriminierung darstellen, sofern sie objektiv und angemessen sind und im Rahmen des nationalen Rechts durch ein legitimes Ziel, worunter insbesondere rechtmäßige Ziele aus den Bereichen Beschäftigungspolitik, Arbeitsmarkt und berufliche Bildung zu verstehen sind, gerechtfertigt sind und die Mittel zur Errei-

[2] http://eur-lex.europa.eu/LexUriServ/LexUriServ.do?uri=CELEX:32000L0078:DE:HTML

chung dieses Ziels angemessen und erforderlich sind."[3] Will sagen: Die jeweilige politische Interpretation der Variablen Beschäftigungspolitik und Arbeitsmarkt entscheidet über den Zugang zum oder den Verbleib im Arbeitsmarkt und das als „richtig" oder „falsch" definierte Lebensalter.

Unerwähnt bleibt in den Richtlinien *das besondere Problem* der an das Lebensalter gekoppelten Möglichkeit zur sozialen Teilhabe an der Gesellschaft. Ungleichbehandlungen wegen des Lebensalters sind nicht justiziabel: im Zivilrecht beim Sozialschutz, bei der sozialen Sicherheit oder den Gesundheitsdiensten, und beim Zugang zu Gütern und Dienstleistungen, die der Öffentlichkeit zur Verfügung stehen.

Dafür einige Beispiele[4], die dem Büro gegen Altersdiskriminierung zugesandt wurden:

1 Bei der evangelischen Telefonseelsorge der Diakonie in Potsdam gilt für den Zugang zur ehrenamtlichen Arbeit eine Altersgrenze von 60 Jahren.[5]
2 Bei der RTL-Sendung „Deutschland sucht den Superstar" sind nur Sängerinnen und Sänger im Alter von 16 bis 30 Jahren gefragt. Altersvorgaben für die Jurymitglieder sind nicht bekannt.[6]
3 Die Bundesregierung hat die Altersgrenze für Schöffen, die zurzeit bei 70 Jahren liegt, als „sachlich begründete und gerechtfertigte Altersdifferenzierung" bezeichnet. Was anderswo Altersrassismus genannt wird, nennt die Bundesregierung „Altersdifferenzierung".[7]

[3] http://eur-lex.europa.eu/LexUriServ/LexUriServ.do?uri=CELEX:32000L0078:DE:HTML, 09.11.2008

[4] Weitere Beispiele unter: http://www.altersdiskriminierung.de

[5] http://www.diakonie-potsdam.de/Beratung/ts-ehrenamtliche_mitarbeit.htm 08.11.2008

[6] http://www.presseportal.de/pm/7847/1291721/rtl 30.10.2008

[7] http://dip21.bundestag.de/dip21/btd/16/083/1608323.pdf 29.02.2008

4 Dem Tarifrechner der HUK Kfz-Versicherung ist zu entnehmen, dass ein Autofahrer des Jahrgangs 1947 für die Kfz-Haftpflichtversicherung 653,35 Euro zahlt. Wer zum Jahrgang 1935 gehört, bezahlt dagegen 275 Euro mehr.[8]

5 Die Schwimmbäder der Stadt Heidelberg gewähren Studentinnen und Studenten Ermäßigung bis zum Alter von 26 Jahren.[9]

6 Ausbildungsförderung (BAFÖG) wird in der Regel grundsätzlich nicht gewährt, wenn die/der Studierende bei Beginn des Studiums das **30. Lebensjahr** bereits vollendet hat.[10]

7 Beim Vermieten von Leihwagen ist eine Altersgrenze von 75 Jahren üblich.

8 Der Kinderschutzbund in Köln suchte im Februar 2008 Frauen und Männer für die ehrenamtliche Arbeit beim Eltern- und Beratungstelefon. Die Bewerberinnen und Bewerber sollten zwischen 20 und 40 Jahre alt sein.[11]

9 Als öffentlich bestellter und vereidigter Sachverständiger kann nur zugelassen werden, (...) wer zum Zeitpunkt der Stellung des vollständigen Antrags auf erstmalige Bestellung das 62. Lebensjahr noch nicht vollendet hat. Die öffentliche Bestellung erlischt, wenn (...) der Sachverständige das 68. Lebensjahr vollendet hat.[12]

8 http://www.altersdiskriminierung.de/admin/artikel_editieren.php?artikelID=2815 27.10.2008

9 http://www.heidelberger-schwimmbaeder.de/uebersicht.html 07.08.2008

10 Vgl.: http://www.uni-bonn.de/Unileben/Finanzierung.html, 17.9.2008 15 Uhr

11 Kölner Stadt Anzeiger 11.02.2008

12 Vgl. § 3 (2) b) und § 22 (1)d) Sachverständigenordnung und ergänzende Vorschriften zur Sachverständigenordnung der IHK Berlin in der Fassung vom 01. Oktober 2001, zuletzt geändert am 12. Januar 2007, gültig ab 02. Februar 2007 http://www.berlin.ihk24.de/produktmarken/recht_und_fair_play/Sachverstaendige/ rechtsgrundlagen/sachord_richtlinien/SVO_2001.pdf 10.9. 2008

10 Der diskriminierende Diskurs der Politik über die Kosten des demografischen Wandels und den finanziellen „Druck“ auf die Pflegeversicherung schlägt sich in einer Karikatur im *Stern* nieder.[13]

11 „Eine wesentliche Aufgabe der Politik (...) ist es, die Öffentlichkeit umfassend über die zukünftigen Belastungen durch die Alterung der Gesellschaft zu informieren und gleichzeitig politische Lösungswege aufzuzeigen“, heißt es im Koalitionsvertrag.[14]

Diskriminierung und Selbstdiskriminierung[15] führen zu sozialer Ausgrenzung und Isolation. Diskriminierung und Selbstdiskriminierung verhindern die gleichberechtigte Teilhabe an der Gesellschaft. Wer jahrelang – aus unterschiedlichsten Gründen und von unterschiedlichsten gesellschaftlichen Akteuren – als „zu alt“ gebrandmarkt wurde, staunt nicht schlecht, im gleichen Koalitionsvertrag zu lesen: „Der Beitrag, den ältere Menschen für die Gesellschaft und in der Familie leisten, ist für das Funktionieren des Sozialstaats unverzichtbar und von erheblicher volkswirtschaftlicher Bedeutung.“[16] Die alten Menschen sollen Kurse besuchen, damit sie Netzwerke oder Freiwilligenagenturen aufbauen können, oder die aufgebauten zuverlässig und zeitintensiv unterstützen. Sie sollen Schwimmbäder und Bibliotheken betreiben, Denkmäler errichten, Bademeister ersetzen, den Personalmangel in Kindergärten, Schulen und Alteneinrichtungen lindern und durch die Übernahme „gesellschaftlicher Verantwortungsrollen“ dazu beitragen, die Kosten der kommunalen Daseinsvorsorge zu reduzieren.

[13] Stern 41/07, Mette, T.

[14] Koalitionsvertrag von CDU, CSU und SPD: Mit Mut und Menschlichkeit. 11. November 2005. 81 http://www.spd.de/show/1681938/Koalitionsvertrag.pdf

[15] Dazu bin ich zu alt; das tut/kann/mag man in meinem Alter nicht mehr; wie der sich in seinem Alter noch abrackert/kleidet/benimmt.

[16] Koalitionsvertrag, a.a.O.

„Altenberg", „Pensionslastenwucht", „Gammelfleisch", „demografische Katastrophe": Was während der rot-grünen Koalition galt, gilt jetzt nicht mehr. Sonst läuft die Aktivierungspropaganda zur Erschließung der Alten als ökonomische Ressource und ehrenamtlicher Workforce ins Leere.

„Die Älteren werden immer mehr und alle Parteien nehmen überproportional Rücksicht auf sie", sagte Herzog. Im Oktober 2008 wurde Horst Seehofer vom Bayerischen Landtag zum Ministerpräsidenten des Freistaats Bayern gewählt. Bei der Kabinettsbildung hat der 59-jährige Seehofer eine unkonventionelle Altersgrenze für die Mitglieder der bayerischen Landesregierung etabliert. „Die Generation 60 plus sortierte er ohne Rücksicht auf Verluste aus."[17] Folge: Von den insgesamt elf neuen Ministerinnen und Ministern ist nur einer über 60 Jahre. Dazu muss man wissen, dass die über 60-Jährigen in Bayern aber fast ein Viertel (24,3 Prozent) der Bevölkerung ausmachen.

Auch die SPD erweckt nicht den Eindruck, überproportionale Rücksicht auf die Älteren zu nehmen. Ihr Parteivorsitzender Müntefering begrüßte den Verzicht von Andrea Ypsilanti auf die SPD-Spitzenkandidatur in Hessen mit den Worten: „Ihre Entscheidung macht den Weg frei für eine Verjüngung (...)."[18] Verjüngung? Ypsilanti ist 51, ihr Nachfolger Schäfer-Gümbel ist 39 Jahre alt. Doch darum geht es nicht. Der Begriff „Verjüngung" gilt als so positiv, dass er von (Polit-)Funktionären gerne benutzt wird wenn es gilt, Differenzen unter den Teppich zu kehren und der Öffentlichkeit eine *irgendwie* positive Botschaft zukommen zu lassen.

17 http://www.focus.de/politik/deutschland/bayern/tid-12375/regierung-seehofer-kompromiss-statt-radikalkur_aid_344826.html, 13.11.2008

18 http://www.faz.net/s/Rub61EAD5BEA1EE41CF8EC898B14B05D8D6/Doc~E60EF92ED56214CEDA38A5505C348F39B~ATpl~Ecommon~Scontent.html, 0.11.2008

Alle Parteien nehmen überproportional Rücksicht auf die Älteren? Umgekehrt wird ein Schuh daraus. Bei der letzten Bundestagswahl erreichte die Altersgruppe der 60-bis 69-Jährigen mit 85 % die höchste Wahlbeteiligung.[19] Von den 612 gewählten Bundestagsabgeordneten sind aber keineswegs 85 % über 60 Jahre alt. Selbst wenn die Autoren des 5. Altenberichts zum politisch korrekten Schluss kommen, dass „in Zukunft die politische Beteiligung älterer Menschen voraussichtlich stärker an Bedeutung gewinnen (wird),“[20] zeigen die Beispiele: Die Chance älterer Menschen zur *politischen* Partizipation, ihre Einbindung in politische Entscheidungsprozesse, ihre Möglichkeit zur politischen Einflussnahme nimmt ab. Ketzerisch ließe sich sagen, sie sinkt überproportional, je größer der normative Druck wird, durch Freiwilligen*dienste* „Lücken der Daseinsvorsorge (zu) schließen, die aus einer Deregulierungs- und Privatisierungspolitik entstehen, und zugleich dem angenommenen Mangel an Erwerbsarbeit und den daraus resultierenden Integrationsproblemen begegnen – durch die Sinnangebote unbezahlter Gemeinschaftsarbeit.“[21]

Ebenso lässt das Jammern über Altersdiskriminierung und die entsprechenden gesetzlichen Regelungen nach.[22] Eine Diskriminierung, die vor

[19] http://www.bundeswahlleiter.de/de/bundestagswahlen/BTW_BUND_05/presse/pd430211.html, 19.09.2008

[20] Gemeinsam für Deutschland. Fünfter Bericht zur Lage der älteren Generation in der Bundesrepublik Deutschland. Potenziale des Alters in Wirtschaft und Gesellschaft. Der Beitrag älterer Menschen zum Zusammenhalt der Generationen. Bericht der Sachverständigenkommission, S. 378.

[21] Aner, K. (2008): Junge Alte als Hoffnungsträger zivilgesellschaftlichen Engagements? In: Ferring, D./Haller, M./Meyer-Wolters, H./Michels, T. (Hrsg.): Soziokulturelle Konstruktionen des Alters. Königshausen & Neumann, 311

[22] 45 Prozent der für das Eurobarometer 2008 befragten 1.562 Bundesbürgerinnen und Bundesbürger sind nicht zufrieden damit, was die Regierung gegen Diskriminierung tut. 31 Prozent geben an, dass sie nicht wirklich damit zufrieden sind, und 14 Prozent sagen, dass sie überhaupt nicht damit zufrieden damit sind. Wahrnehmungen, Erfahrungen und Haltungen:. Eurobarometer Spezial 296 vom 1. Juli 2008.

zehn Jahren eher „gefühlt“ wurde, wird heute meist nüchtern beschrieben, genau analysiert. Aussagen wie „Erst zwangsverrentet, dann Alterslast“[23] oder „Unentgeltliche Arbeit lehne ich ab“[24] belegen ein zunehmendes Selbstbewusstsein der älteren Menschen, die ihre Unzufriedenheit mit den Auswirkungen politischer Entscheidungen zunehmend verbal oder schriftlich kundtun. Häufiger als in der Vergangenheit verorten die Beschwerdeführer die Ursache für Diskriminierungen wegen des Lebensalters „im System“, „in der Regierung“. Als Beispiel sei die Bundesagentur für Arbeit genannt. Trotz AGG veröffentlicht sie auf ihrer Webseite Stellenangebote oder -gesuche mit Altersangaben.

Der zunehmende ökonomische Druck auf die Rentnerinnen und Rentner führt dazu, dass politische Weichenstellungen und Entscheidungen immer seltener desinteressiert hingenommen werden. Murren wird laut. Empörung über die Aufhebung des Bestandschutzes in der gesetzlichen Rentenversicherung wird geäußert. Die rückwirkende Kürzung von Rentenanrechnungszeiten, die Versteuerung von Renten, die Auszahlung von Neurenten erst am Ende des Monats, die Tatsache, dass der Versorgungsausgleich auch dann noch gezahlt werden muss, wenn der geschiedene Ehepartner verstorben ist, die Wahrnehmung der gesetzlichen Rentenkasse als Selbstbedienungsladen der Politik zum Stopfen von Finanzlöchern – Rentnerinnen und Rentner beschreiben das als systembedingte Altersdiskriminierung. Das gilt besonders für den Fakt, dass bei Einmalauszahlung von Direktversicherungen und auf Betriebsrenten aufgrund eines rückwirkend gültigen Gesetzes unerwartet für die Betroffenen der volle Beitragssatz zur gesetzlichen Krankenversicherung gezahlt werden muss.

Empört äußern sich die älteren Leute auch über die sogenannten Reformen des Gesundheitssystems. Trotz Zuzahlungen bei Medikamenten

http://ec.europa.eu/public_opinion/archives/eb_special_en.htm, 07/2008

23 http://altersdiskriminierung.de/themen/artikel.php?id=1880, 09.03.2007

24 http://www.altersdiskriminierung.de/themen/artikel.php?id=2442, 13.02.2008

und bei Physio- und Psychotherapien, trotz Zuzahlungen beim Krankentransport und bei Klinkaufenthalten, bei Rehabilitationsmaßnahmen und Hilfsmitteln, trotz Streichung des Sterbegelds, trotz Praxisgebühr und Beitragserhöhungen, trotz zunehmender Leistungseinschränkungen und inadäquater Versorgung mit Hilfsmitteln beschweren sich die älteren Menschen über die Verweigerung von Präventions- und Rehabilitationsmaßnahmen durch die Kassen. Sie schimpfen über Ärztinnen und Ärzte, die ihre Beschwerden nicht ernst nehmen, sondern als Altersverschleiß abtun. Sie beanstanden den Personalmangel in den Krankenhäusern und stationären Pflegeeinrichtungen. Und sie begreifen das als Altersdiskriminierung. Eine 80-jährige Frau erzählte neulich am Telefon: „Von den Beiträgen der Älteren haben sich die Kassen ihre Paläste gebaut und die Schreibtische gekauft, auf denen Papiere von links nach rechts geschoben werden. Jetzt hat die Krankenkasse meinen Antrag auf Reha abgelehnt. Damit verbindet sie wohl die Hoffnung, dass ich als alte Frau nicht mehr genug Energie habe, um mich dagegen zu wehren und Einspruch einzulegen."

„Die überproportionale Berücksichtigung der Interessen der Älteren" beklagte Herzog im Bild-Zeitungs-Interview. Wenn das tatsächlich so wäre, warum gibt es dann nur in Berlin ein Seniorenmitwirkungsgesetz? Warum sind in den Kommunen keine verbindlichen Altenpläne vorgesehen? Warum existieren noch immer keine Mindestanforderungen für die Betreiber ambulanter Dienste? Warum sind der öffentliche Raum und der ÖPNV nicht schon längst an die Bedürfnisse von alten Menschen angepasst? Warum gibt es noch immer Altersgrenzen im Ehrenamt? Warum bestätigt das Bundesverfassungsgericht mit Urteil vom 27.02.2007 (1 BvL 10/00), dass in Bezug auf die Altersvorsorge für Arbeitnehmerinnen und Arbeitnehmer sowie Rentnerinnen und Rentner „die Gestaltungsfreiheit des Gesetzgebers" rückwirkende Rechtsänderungen legitimiert? Warum hat das Bundesfamilienministerium erst am 18. März 2008, also acht Jahre *nach* dem Erlass der Antidiskriminierungsrichtlinien der Europäischen Union einen Forschungsauftrag ausgeschrieben, damit Altersgrenzen recherchiert werden, die in Gesetzen, Erlassen, Verordnungen oder Statuten enthalten sind? Warum lehnt der Bundesrat[25] einen Vorschlag von EU-Kommissar Spidla zur Verbesserung des Diskriminierungsschutzes für ältere Menschen ab? Belege für überproportionale Rücksichtnahme auf die Älteren sind das ja wohl eher nicht. Es darf deshalb bezweifelt werden, ob die von Ursula von der Leyen behauptete „große Engagementbereitschaft der Generation 50+“[26] und die beabsichtigte „Gemeinschaftsbildung der Individuen mit dem Ziel, die Einzelnen ohne Zwang zu nützlichem Verhalten zu veranlassen“[27], bei den älteren Menschen funktionieren wird. Denn wer alt ist, ist deshalb nicht dumm.

[25] http://www.bundesrat.de/cln_090/nn_971006/DE/presse/pm/2008/130-2008.html?__nnn=true

[26] von der Leyen, U.: Das neue Alter ist eine Chance für jeden einzelnen wie für das ganze Land. BMFSFJ Internetredaktion Pressemitteilung Nr. 273/2008 Veröffentlicht am 02.04.2008.

[27] Karl, U. „Soziale Altenarbeit und Altenbildungsarbeit – vom aktiven zum profilierten, unternehmerischen Selbst?“ Zit. In: Breinbauer, I. M. (2008): Wider die advokatorische Haltung gegenüber dem Alter. In: Ferring, D./Haller, M./Meyer-Wolters, H./Michels, T. (Hrsg.), a.a.O.

Die UN-Konvention zum Schutz der Menschenrechte behinderter Menschen – zukünftige Anforderung für Behindertenpolitik und Behindertenarbeit

Dr. Sigrid Graumann

1. Die UN-Behindertenrechtskonvention – Paradigmenwechsel in der Behindertenpolitik?

Die UN-Behinderten-Konvention wurde im Dezember 2006 von der Generalversammlung der Vereinten Nationen verabschiedet und ist nun im Mai 2008, nachdem die geforderte Zahl an Staaten ratifiziert hatte, in Kraft getreten. Die Bundesregierung hat sie schon im März 2007 unterzeichnet und will sie bis im Dezember 2008 ratifizieren. Die UN-Konvention formuliert keine Sonderrechte für behinderten Menschen; sie versteht sich als Konkretisierung und Präzisierung der allgemeinen Menschenrechte für die besonderen Gefährdungen, denen behinderte Menschen ausgesetzt sind (Schmahl 2007). Vielfach wird die Konvention als entscheidender Schritt in einem Paradigmenwechsel von einer Behindertenpolitik der Wohltätigkeit zu einer Behindertenpolitik der Menschenrechte angesehen (Degener 2006).

Die Konvention setzt völkerrechtlich verbindliche Grenzen, etwa was Zwangsmaßnahmen in der Psychiatrie oder in der Pflege betrifft. Diese sind zukünftig, wenn überhaupt, nur noch als letzte Lösung in Ausnahmefällen möglich, wenn es überhaupt keine andere Möglichkeit gibt, eine Selbst- oder Fremdschädigung abzuwenden. Vor allem aber gibt die Konvention eine politische Orientierung für die Zukunft vor. Viele Regelungen werden nicht von heute auf morgen umsetzbar sein. Dazu gehören ein echtes Wahlrecht in Bezug auf die Wohnform oder eine vollständig inklusive Bildung für alle Kinder unabhängig von der individuellen Beeinträchtigung. Das heißt aber nicht, dass diese Regelungen unverbindlich wären. Der Staat ist dazu verpflichtet, den Prozess einer zügigen, kontinuierlichen und konsequenten Umsetzung der Konvention einzuleiten.

2. Leitbegriffe und Prinzipien der Konvention

Die Konvention orientiert sich am sozialen Modell von Behinderung und will damit der Ambivalenz des Begriffs „Behinderung" Rechnung tragen. Mit der Zuschreibung von Behinderung werden einerseits spezifische Leistungsansprüche z. B. auf medizinische und soziale Hilfen begründet, andererseits ist damit häufig eine Stigmatisierung der Betroffenen verbunden. Die Konvention verzichtet daher auf eine abschließende Definition von Behinderung. In der Präambel wird betont, dass sich das Konzept von Behinderung permanent weiterentwickelt. In Artikel 1 der Konvention wird der Kreis der Menschen mit Behinderung festgelegt als alle Menschen, die aufgrund von Wechselwirkungen zwischen individuellen Schädigungen und verschiedenen Barrieren an der vollen und gleichberechtigten Teilhabe gehindert werden. Das bedeutet auch, dass altersbedingt pflegebedürftige Personen grundsätzlich einbezogen sind und unter den Schutzbereich der Konvention fallen!

Aus der UN-Behinderten-Konvention lassen sich, wie ich meine, vier allgemeinverbindliche Ansprüche behinderter Menschen herauslesen, die alle auf historische und aktuelle Erfahrungen von Missachtung verweisen. Das sind der Anspruch auf Selbstbestimmung und Unabhängigkeit, der Anspruch auf volle gesellschaftliche Teilhabe, der Anspruch auf einen angemessenen Lebensstandard und der Anspruch auf gesellschaftliche Wertschätzung.

a) Der Anspruch auf Selbstbestimmung und Unabhängigkeit bezieht sich auf die Erfahrung von Bevormundung und Entmündigung, die behinderte Menschen machen (oder in zum Teil extremen Ausmaß in der Vergangenheit gemacht haben), weil sie ihren Lebens-, Bildungs- und Arbeitsort nicht frei wählen können, weil es ihnen nicht wie anderen möglich ist, sich als Erwachsene von familiärer Hilfe, Unterstützung und Sorge unabhängig zu machen, und weil sie im Rahmen von therapeutischen, pädagogischen und behördlichen Maßnahmen bevormundet und entmündigt wurden.

Der Anspruch auf Selbstbestimmung und Unabhängigkeit ist von der Zielbestimmung her als Freiheitsrecht zu verstehen, bleibt aber nicht auf ein Nichtinterventionsrecht beschränkt. Er umfasst teilweise sogar sehr weitreichende Leistungsrechte, die als Voraussetzungen für ein selbstbestimmtes und unabhängiges Leben gewährleistet werden müssen.

b) Der Anspruch auf volle gesellschaftliche Teilhabe (Inklusion) bezieht sich auf die Erfahrung gesellschaftlicher Ausgrenzung, die behinderte Menschen machen (oder gemacht haben), indem sie im Extremfall in Anstalten und Heimen völlig von der restlichen Gesellschaft isoliert waren oder heute noch in „Sonderorten" für behinderte Menschen leben, lernen und arbeiten und indem sie durch die unterschiedlichsten Barrieren von Gemeinschaften, Orten, Informationsmöglichkeiten und Kommunikationsräumen ausgeschlossen sind.

Der Anspruch auf Inklusion ist nicht darauf beschränkt, diese Barrieren zu beseitigen, sondern umfasst die aktive Bemühung, die von den anderen ausgehen muss, behinderte Menschen gleichberechtigt in allen relevanten gesellschaftlichen Feldern einzubeziehen.

c) Der Anspruch auf einen angemessenen Lebensstandard geht auf die verbreitete Erfahrung von (historisch und international betrachtet teils extremer) dauerhafter und auswegloser Armut von behinderten Menschen zurück. Im Unterschied zu anderen von Armut besonders betroffenen Gruppen – wie beispielsweise Alleinerziehenden – leben behinderte Menschen, besonders wenn sie einen hohen Unterstützungsbedarf haben, oft ihr ganzes Leben lang auf „Sozialhilfeniveau". Dazu kommt, dass behinderte Menschen oft weit mehr durch mangelnde finanzielle Möglichkeiten in ihren Handlungsmöglichkeiten eingeschränkt sind als nicht behinderte Menschen.

Das Recht auf einen angemessenen Lebensstandard, das in der Konvention formuliert wurde, geht deutlich über das „soziokulturelle Minimum" im deutschen Sozialrecht hinaus: Maßstab ist ein Lebensstandard, der Selbstbestimmung, Unabhängigkeit und gleichberechtigte Teilhabe ermöglicht.

d) Mit dem Anspruch auf Nichtdiskriminierung wird auf die Diskriminierungserfahrungen behinderter Menschen Bezug genommen. Die Konvention vertritt dabei ein erweitertes Verständnis von Diskriminierung. Nicht nur das willkürliche Vorenthalten gleicher Rechte, sondern auch fehlende Unterstützung und Abwertung durch negative Stereotypen werden als Diskriminierungstatbestände gewertet. Das heißt, dass der Anspruch auf Nichtdiskriminierung einen Anspruch auf gesellschaftliche Wertschätzung umfasst. Dabei geht es nicht nur um den Schutz vor unberechtigter Ungleichbehandlung, Beleidigung und Herabwürdigung durch konkrete Personen, sondern auch um den Schutz vor Beschädigung der personalen Identität durch abwertende gesellschaftliche Bewertungsmuster.

3. Konkrete Regelungsinhalte

Die UN-Behinderten-Konvention macht klare und konkrete Aussagen darüber, wie die genannten Ansprüche behinderter Menschen politisch umgesetzt werden sollen.

a) Der Anspruch auf Selbstbestimmung und Unabhängigkeit zieht sich durch viele Regelungen der Konvention. Konkret genannt wird das Recht, den eigenen Wohnort frei zu wählen und die notwendigen Hilfs- und Unterstützungsleistungen zu erhalten, die ein selbstbestimmtes und unabhängiges Leben ermöglichen. Ambulanten Hilfen wird dabei deutlich Priorität vor stationären Einrichtungen für behinderte Menschen eingeräumt. Eine besondere Herausforderung stellt das Verbot der rechtlichen Entmündigung behinderter Personen dar. Stattdessen sollen rechtliche Assistenzsysteme etabliert werden, die es behinderten Menschen mit entsprechender Unterstützung ermöglichen, ihre Rechte vor Behörden und Gerichten selbst wahrzunehmen (Lachwitz 2007). Außerdem haben auch behinderte Menschen das Recht auf eine eigene Familie. Die zwangsweise Herausnahme eines Kindes aus seiner Familie wegen seiner Behinderung oder einer Behinderung seiner Eltern wird als

Rechtsverletzung verstanden. Stattdessen sollen behinderte Eltern und Eltern behinderter Kinder die notwendige Hilfe und Unterstützung bekommen, damit sie ihren Erziehungsaufgaben gerecht werden können.

b) Der Anspruch auf volle gesellschaftliche Teilhabe verpflichtet zum einen dazu, eine barrierefreie und für behinderte Menschen zugängliche Umgebung zu schaffen. Dabei werden bauliche Barrieren, die den Zugang zu Gebäuden und öffentlichen Räumen erschweren, und technische Barrieren, die den Zugang zu Telekommunikation und Medien erschweren, ebenso genannt wie Einstellungsbarrieren in den Köpfen der Menschen. Konkret gefordert wird ein Recht auf barrierefreien Zugang zu allen öffentlichen Räumen, ein Recht auf inklusive Bildung und auf einen für behinderte Menschen zugänglichen Arbeitsmarkt. Außerdem sollen behinderte Menschen und ihre Verbände an allen politischen Entscheidungen beteiligt werden, von denen behinderte Menschen betroffen sind.

c) Beim Anspruch auf einen angemessenen Lebensstandard sind einerseits die verfügbaren Ressourcen einer Gesellschaft und andererseits der durchschnittliche Lebensstandard zu berücksichtigen. Der Staat ist verpflichtet, behinderten Menschen ein angemessenes Einkommen über Arbeit und über Sozialleistungen zu sichern. Der Sicherung des eigenen Einkommens durch Arbeit muss dabei Priorität eingeräumt werden. Konkret genannt werden neben der Zugänglichkeit des ersten Arbeitsmarktes und der Verpflichtung zur Beschäftigung von behinderten Menschen im öffentlichen Dienst auch Wohnungsprogramme für behinderte Menschen und die Verfügbarkeit von speziellen Dienstleistungen.

d) Auch der Anspruch auf Nichtdiskriminierung und Wertschätzung behinderter Menschen wird mit besonderen Regelungen konkretisiert. Grundlegend ist schon die offene Definition von Behinderung in Artikel 1 der Konvention. Damit wird das „medizinische Modell von Behinderung“, das Behinderung als Defizit im Körper des behinderten Menschen verortet, zurückgewiesen und durch das „soziale Modell von Behinderung“ ersetzt, das die Behinderung in erster Linie auf gesellschaftliche Bedingungen zurückführt, wie es international von behinderten Menschen seit vielen Jahren gefordert wird. Damit wird Behinderung nicht mehr als individuelles, sondern als gesellschaftliches Problem aufgefasst (Bielefeldt 2006).

Konkret werden die Unterzeichnerstaaten dazu verpflichtet, öffentliche Kampagnen durchzuführen (awareness raising), die die gesellschaftliche Wertschätzung von behinderten Menschen fördern sollen. Außerdem sollen alle Professionellen, die mit behinderten Menschen arbeiten, im Sinne der Konvention fortgebildet werden.

4. Innovationspotenzial der Konvention

Wenn man die ganze Konvention in den Blick nimmt, könnte sich der Eindruck nahe legen, dass sich hier eher die utopischen Wunschvorstellungen der Behindertenbewegung durchgesetzt haben als eine realistische Vorgabe für die Behindertenpolitik und -arbeit. Allerdings muss man dabei in Rechnung stellen, dass die Konvention tatsächlich nicht mehr tut, als den Grundgedanken der Menschenrechte für behinderte Menschen zu präzisieren und zu konkretisieren (Weiß 2006). Dabei wird besonders deutlich, dass die Menschenrechte nicht einfach nur formal zugestanden werden dürfen. Es ist zwingend, auch die individuellen und gesellschaftlichen Bedingungen zu berücksichtigen, die behinderte Menschen brauchen, um ihre Rechte auch wirklich wahrnehmen zu können (Lob-Hüdepohl 2007). Wenn das konsequent getan wird – und nur dann –, ist die verbreitete Befürchtung, eine „rechtebasierte" Behindertenpolitik könne zur Vernachlässigung derjenigen behinderten Menschen führen, die einen hohen Unterstützungsbedarf haben, unbegründet.

Die Konvention enthält aber auch ein Innovationspotenzial für die Gesellschaft als solche. Die westliche Menschenrechtstradition hat sich lange auf die Garantie formal gleicher Rechte beschränkt. Damit aber wurden viele Formen von Unterdrückung und Ausgrenzung von Menschen auf Grund besonderer Eigenschaften wie Geschlecht, sexueller Orientierung, ethnischer Zugehörigkeit – und eben auch Behinderung – nicht nur ausgeblendet sondern oft auch verschleiert. Damit entstand der Anschein, dass die alten sozialen Bewegungen mit ihren Forderungen nach Gleichberechtigung ausgedient hätten. Neue soziale Bewegungen, die sich die Anerkennung von Differenz auf die Fahnen schrieben, entstanden in bewusster Abgrenzung zu Gleichberechtigungspolitiken. Auch in der Behindertenbewegung gibt es diese Tendenz. Mit dem Verständnis von Diskriminierung, das in der Konvention vertreten wird, das gesellschaftliche Geringschätzung durch abwertende Stereotypen umfasst und „awareness raising" (Bewusstseinsbildung im Sinne der Konvention) als Menschenrechtsnorm enthält, werden die Gegensätze einer Politik der Rechte (Forderungen nach Gleichberechtigung) und einer Politik der Kultur (Forderungen nach Anerkennung von Differenz) miteinander versöhnt.

Außerdem hat das westliche Verständnis der Menschenrechte Freiheitsrechte und politische Rechte lange als vorrangig vor den sogenannten wirtschaftlichen, sozialen und kulturellen Menschenrechten angesehen. Die unhintergehbare Verletzlichkeit und Bedürftigkeit von uns Menschen und unsere wechselseitige Abhängigkeit von sozialen Beziehungen wurden dabei ausgeblendet. Die Präzisierung und Konkretisierung der Menschenrechte in der Behindertenrechtskonvention zeigen, dass diese Sicht unvollständig ist.

Die Konvention macht die Vulnerabilität und die soziale Bezogenheit des Menschen als Menschen deutlich. Damit erhält der Grundsatz der Unteilbarkeit der Menschenrechte eine besondere Relevanz. Alle Menschenrechte, auch die bürgerlichen Freiheitsrechte und die politischen Rechte, erfordern institutionelle Garantien und soziale Leistungsansprüche. Ein Beispiel ist das Recht auf Leben und körperliche Unversehrtheit, das einerseits den Schutz vor Gewalt umfasst, andererseits aber ohne die sozialen Rechte beispielsweise auf Nahrung, Kleidung und Gesundheitsversorgung nicht realisierbar ist. Das gilt erst einmal ganz allgemein für alle Menschen, ist aber für behinderte Menschen besonders augenfällig.

Damit aber lässt sich auch der alte Gegensatz von Selbstbestimmung und Fürsorge auflösen. Selbstbestimmung ist immer auch als assistierte Selbstbestimmung zu sehen – damit werden Sorge und Wohltätigkeit in den Dienst von Selbstbestimmung und Unabhängigkeit gestellt. Das aber heißt, dass die konsequente Umsetzung der UN-Konvention unser gängiges Verständnis von sozialer Gerechtigkeit herausfordert.

Literatur

Aichele, V. (2008): Die UN-Behindertenrechtskonvention und ihr Fakultativprotokoll. Ein Beitrag zur Ratifikationsdebatte. Deutsches Institut für Menschenrechte, Policy Paper Nr. 9, August 2008, Berlin

Bernstorff, J. v. (2007): Menschenrechte und Betroffenenrepräsentation: Entstehung und Inhalt eines UN-Antidiskriminierungsübereinkommens über die Rechte von behinderten Menschen. Zeitschrift für ausländisches öffentliches Recht und Völkerrecht 67 (4), S. 1041-1063

Bielefeldt, H. (2006): Zum Innovationspotenzial der UN-Behindertenkonvention. Berlin: Deutsches Institut für Menschenrechte

Degener, T. (2006): Menschenrechtsschutz für behinderte Menschen. Vereinte Nationen 3/2006, S. 104-110

Graumann, S. (2008): Die UN-Konvention für die Rechte von Menschen mit Behinderungen. IMEW konkret 11. Unter: http://www.imew.de/index.php?id=405. , gesehen am 20. Juni 2008

Kayess, R./French, P. (2008): Out of darkness into light? Introducing the Convention on the Rights of Persons with Disabilities. Human Rights Law Review 8, S. 1-34

Krause-Trapp, I. (2007): Zum Recht behinderter Menschen auf Selbstbestimmung und Teilhabe. PUNKT UND KREIS Michaeli/2007, S. 18-21

Lachwitz, K. (2007): UNO-Generalversammlung verabschiedet Konvention zum Schutz der Rechte behinderter Menschen. Teil I: Rechtsdienst der Lebenshilfe 1/07, S. 37-42; Teil II: Rechtsdienst der Lebenshilfe 2/07, S. 37-40

Lob-Hüdepohl, A. (2007): Welche Pflichten hat die Gesellschaft gegenüber Menschen mit schweren Behinderungen und ihren Familien? In:

Dederich, M./Grüber, K. (Hrsg.): Herausforderungen. Mit schwerer Behinderung leben. Frankfurt a. M.: Mabuse, S. 87-101

Mégret, F. (2008): The disabilities convention: towards a holistic concept of rights. In: The International Journal of Human Rights 12 (2), S. 261-277

OHCHR (Office of the United Nations High Commissioner for Human Rights) (2002): Human Rights and Disability. The Current Use and Future Potential of United Nations Human Rights Instruments in the Context of Disability.
Unter: www.ohchr.org/Documents/Publications/HRDisabilityen.pdf, gesehen am 17.03.08

Schmahl, S: (2007): Menschen mit Behinderungen im Spiegel des internationalen Menschenrechtsschutzes. Archiv des Völkerrechts 45, S. 517-540

United Nations (2006): Convention on the Rights of Persons with Disabilities.
Unter: www.un.org/esa/socdev/enable/rights/convtexte.htm#convtext, gesehen am 20. Juni 2008

United Nations (2007): From exclusion to equality. Realizing the rights of persons with disabilities. Handbook for Parliamentarians on the Convention on the Rights of Persons with Disabilities and its Optional Protocol, Geneva

Weiß, N. (2006): Die neue UN-Konvention über die Rechte von Menschen mit Behinderungen – weitere Präzisierung des Menschenrechtsschutzes. MenschenRechtsMagazin 3/2006, S. 293-300

Eine Idee lernt laufen...

Barbara Wegner

Projektarbeit dargestellt an ausgewählten Beispielen

KIK – Kultur in Köln für junge Leute und *ZeitZeugenBörse Köln*

Moderne Seniorenarbeit ist anders: älter und aktiv – so oder ähnlich könnte man ehrenamtliche Arbeit in der nachberuflichen Phase heute bereits vielfach beschreiben.

Vor dem Hintergrund der gesellschaftlichen und demografischen Entwicklung gewinnt der Lebensabschnitt des Alters zunehmend an Bedeutung. Das Altenbild in den entwickelten Gesellschaften unterliegt einem Wandel. Nicht mehr der „Rückzug in den wohlverdienten Ruhestand", sondern neue Verantwortungsrollen prägen das neue Altersbild. Das Alter „aktiv" leben, indem eigene Ideen und Vorstellungen in unterschiedlichen Bereichen und Tätigkeitsfeldern eingebracht werden, Kooperation auf Augenhöhe, partnerschaftliche Akzeptanz stehen im Vordergrund. Damit verbunden ist die Verknüpfung eines lebenslangen kreativen Lernens mit der Etablierung neuer innovativer Rollen für ältere Menschen.

Diese neue Form der Teilhabe Älterer am Gemeinwesen eröffnet nicht nur neue Chancen der Mitbestimmung – wer mitgestaltet, kann mitreden –, sie eröffnet auch Möglichkeiten zur Bewältigung größer werdender sozialer Belastungen, die mit der zunehmenden Zahl alter Menschen verbunden sind. Und nicht zuletzt stellt diese neue Verantwortungsrolle, in der Potenziale und Ressourcen sowie ein reiches Erfahrungswissen zur Verfügung gestellt werden, eine große Chance nicht nur für jüngere Menschen, sondern auch für die Älteren dar. Noch neugierig, offen für Neues sein, sich neue Erfahrungsräume erschließen, Netzwerke aufbauen, kurz: alte Erfahrungen nutzen – neue Erfahrungen machen, das hält länger fit und bringt Lebensfreude.

Dementsprechend hat sich auch das Ehrenamt vielfach gewandelt: weg von der rein karitativen Schiene hin zu neuen, selbstorganisierten Engagementformen. Die neuen Alten bringen ihre eigenen Ideen und Vorstellungen in die unterschiedlichsten Engagementbereiche ein. Das Zauberwort für diesen Prozess heißt Partizipation. Leitmotive dabei sind Gemeinwesenorientierung und Vernetzung.

Das Programm „Erfahrungswissen für Initiativen (EFI)“ trägt diesen Tatsachen Rechnung. Initiiert als Pilotprojekt vom Bundesministerium für Familie, Frauen, Senioren und Jugend startete es im Jahr 2002 und lief in Kooperation mit zehn Bundesländern bis 2006. Das Projekt lebt fort, entwickelt eigene länderspezifische Strukturen, bleibt aber immer seinen Zielen treu.

Dem Programm liegt die Idee zugrunde, den großen Schatz an Erfahrungswissen der älteren Generation nicht verloren gehen zu lassen, sondern für die Gesellschaft nutzbar zu machen. Im Fokus steht also die Sichtweise auf das Alter als Ressource von Zeit, Wissen, Erfahrung und Kompetenz. Die Rolle älterer Menschen in der Gesellschaft wird dadurch neu bestimmt, indem breite Tätigkeitsfelder und neue Perspektiven eröffnet werden.

Um dieses Ziel erreichen zu können, werden in dem Programm „Erfahrungswissen für Initiativen (EFI)“ bundesweit ältere Menschen nach einem speziell erarbeiteten Curriculum zur seniorTrainerin bzw. zum seniorTrainer qualifiziert. Langjährige berufliche, soziale und familiäre Erfahrungen, gesellschaftliches Engagement, Kommunikationsbereitschaft, Teamfähigkeit, Kreativität und Durchsetzungsvermögen sind dabei gefragt. Mit diesen Befähigungen eng verknüpft sind die neuen Verantwortungsrollen, in welche die seniorTrainerinnen und -Trainer hineinwachsen: Berater und Unterstützer, Anreger, Planer und Initiator, Netzwerker, Wissensvermittler und Moderator für Initiativen, Vereine, Stiftungen, Verbände und Freiwilligenorganisationen sind hier als Rollenbeispiele zu nennen. Wichtig für eine erfolgreiche EFI-Projektarbeit ist die Einbindung in einen kommunalen Lebens- und Wirkungsbereich, aus dem heraus man Partner suchen, Bedarf für bürgerschaftliches Engagement ermitteln und bereits vorhandene Netzwerke nutzen kann.

SeniorTrainerinnen und -Trainer suchen sich eigene Tätigkeitsfelder, erkennen Bedarf, planen und initiieren Projekte und verstetigen diese. Sie kooperieren mit der Kommune, mit Vereinen und Initiativen, beraten mit diesen gemeinsam über die gesellschaftliche Einpassung und entsprechende Realisierungsmöglichkeiten. SeniorTrainer/innen leiten ihre Projekte selbstständig, indem sie für gute tragfähige Rahmenbedingungen sorgen. Sie machen nicht nur mit, sondern durch die Übernahme dieser neuen Verantwortungsrolle leben sie etwas vor. Erfahrungswissen und Fähigkeiten werden flexibel und selbst organisiert in bürgerschaftliches Engagement eingebracht.

Überholte Strukturen werden dadurch korrigiert, und die Rolle der Älteren in der Gesellschaft wird neu bestimmt. Durch ihre vielfältigen Tätigkeiten wirken seniorTrainer/innen als Multiplikatoren für bürgerschaftliches Engagement und schaffen somit ein neues Altersbild.

Anhand von zwei unterschiedlichen Beispielen *KIK – Kultur in Köln für junge Leute* und *ZeitZeugenBörse Köln* sollen Rahmenbedingungen und neue Tätigkeitsfelder, die die Übernahme einer neuen Verantwortungsrolle bedingen, aufgezeigt werden. Es wird dargestellt, wie aus einer ersten Idee ein gut laufendes erfolgreiches Projekt werden kann.

KIK – Kultur in Köln für junge Leute ist ein Projekt für und mit Jugendlichen, die – durch ihren sozialen und familiären Hintergrund bedingt – nicht selbstverständlich in kulturelle Zusammenhänge hineinwachsen. Das Projekt bietet die Möglichkeit, sich über eigene Aktivitäten in den verschiedenen Kultursparten mit diesen Bereichen vertraut zu machen und neue Erlebnisräume kennenzulernen. Die jugendlichen Projektteilnehmerinnen und -teilnehmer – die meisten mit Migrationshintergrund – sind auf diesem Gebiet ansprechbar, haben aber keine Möglichkeit, ihre Interessen zu leben und neue Perspektiven zu entdecken. So soll KIK helfen, jungen Menschen durch Erweiterung ihres Horizontes ihre Persönlichkeit zu entfalten und ihren Platz in unserer Gesellschaft zu finden.

KIK startete im Herbst 2005 erstmalig mit 25 Teilnehmenden, alle waren 15 bis 16 Jahre alt. Im Verlauf eines Jahres nehmen die Jugendlichen an sechs Veranstaltungseinheiten teil. Die jeweilige Gruppe besucht Theater-, Opern-, Ballettaufführungen, Museen und Konzerte sowie vor- oder nachbereitende Workshops, Proben, Diskussionsrunden mit den Akteuren, Haus- und Bühnenführungen u. a., denn das eigene aktive Auseinandersetzen mit dem Erlebten ist wichtig. Nach erfolgreicher Teilnahme erhalten die Jugendlichen ein Zertifikat, den JugendKulturführerschein®.

KIK läuft nun im vierten Jahr erfolgreich und wächst ständig. Im Projektwettbewerb „Kölner stiften Zukunft“ der Bürgerstiftung Köln wurde das Projekt ausgezeichnet.

ZeitZeugenBörse Köln ist ein Projekt mit Seniorinnen und Senioren. Wir suchen Erinnerungen und reichen sie weiter – so könnte man das Projekt in kürzester Form beschreiben. Wer ist Zeitzeuge, was sind Zeitzeugnisse und wer interessiert sich für sie? Das sind grundlegende Fragen, die in der Projektarbeit immer wieder neu hinterfragt und geklärt werden müssen. Tatsache ist, dass es sich keine Gesellschaft mehr leisten kann, ihre geistigen Schätze, die sich oft verbergen, zu begraben. Dies aber ist die unausbleibliche Folge, wenn sich keine Lösung findet, die Erfahrungsschätze der älteren Generation zu heben, sie zu nutzen und zu verteilen. Es gilt, Erfahrungswissen aus dem Privaten in die Öffentlichkeit zu bringen. Ein Transfer dieser mannigfaltigen Ressourcen muss als Gesprächsstoff aufbereitet und für die Gesellschaft nutzbar gemacht werden. Das heißt auch, interessante Erzähler müssen mit interessierten Zuhörern zusammengebracht werden. Die ZeitZeugenBörse Köln macht dies möglich: In gemeinsamer Erinnerungsarbeit können nicht nur Erfahrungen in Gruppen ausgetauscht werden, sondern persönliches Erleben in der Vergangenheit wird mit Unterstützung und Reflexion zum Zeitzeugnis. Darüber hinaus vermittelt die ZeitZeugenBörse Zeitzeugen an Bildungs- und Kultureinrichtrungen, an Medien, Initiativen und Vereine.

Junge Menschen bekommen Antworten auf ihre Fragen und finden im Dialog ihre eigene Meinung. Alte Menschen erfahren, wie aus ihren Geschichten Geschichte wird. Sie finden neue sinnvolle Aufgaben und Kontakte. Die Nutzerinnen und Nutzer können ihren Unterricht oder ihre Beiträge durch erlebte und erzählte Geschichten lebendiger und verständlicher machen.

Obwohl sich die Inhalte der Projekte sehr unterscheiden, bedürfen jedoch beide der gleichen notwendigen Voraussetzungen, um einen erfolgreichen Projektverlauf zu garantieren. Fragen zu Bedarfsermittlung, Projektzielen, Zielgruppen, Kommunikation, Innovation, Zeit- und Raumplanung, Finanzen, Öffentlichkeitsarbeit, Teambildung, Kooperation, Vernetzung müssen geklärt werden und zu wichtigen Grundstrukturen, die jeder erfolgreichen Projektarbeit zugrunde liegen, und zur Übernahme einer neuen Verantwortungsrolle führen.

Selbstbestimmung im Alter – eine Vision für Menschen mit einer körperlichen Behinderung? Möglichkeiten und Unmöglichkeiten im Jahr 2030

Silke Rehfeld und Christiane Schneider

Stellt man sich die Frage, wie das Leben von Menschen mit einer körperlichen Behinderung – unser Leben – in Zukunft aussehen soll, drängt sich der Begriff „Selbstbestimmung" zwangsläufig nach vorn. Vorbei an all den vielen kleinen und größeren Bedingungen, die sich jede und jeder für das eigene Leben und das eigene Alter wünscht, steht Selbstbestimmung als eins der wichtigsten Leitziele ganz oben in der Überschrift. Unabhängig davon, wie sich der Rahmen unserer Lebenssituation verändert –, es gilt, in ihm den größtmöglichen Freiraum zur persönlichen Entwicklung, zur individuellen Lebensgestaltung, zur Entfaltung der eigenen Ressourcen und zum freien, selbstbestimmten Treffen von Entscheidungen zu schaffen.

Auch wenn Selbstbestimmung also etwas Individuelles ist, das Prozessen unterliegt, können Faktoren für notwendige Voraussetzungen formuliert werden, die erst die Grundlage für Chancen und Wahlmöglichkeiten einer selbstbestimmten Lebensführung bilden. Hier haben sowohl psychosoziale Aspekte als auch äußere, gesellschaftliche Faktoren Einfluss auf die Realisierung einer selbstbestimmten Lebensführung. Zu den psychosozialen Aspekten gehören u. a. die Findung der eigenen Identität und die Auseinandersetzung mit der eigenen Behinderung, eine positive Selbstwahrnehmung, ein stabiles Selbstbewusstsein, ein individuelles Lebenskonzept.

Äußere/gesellschaftliche Faktoren müssen Bedingungen schaffen, die eine selbstgewählte Lebensform ermöglichen, die Sicherstellung von Mobilität gewährleisten ebenso wie die Ausstattung mit Hilfsmitteln und die Sicherstellung der Pflege auch durch alternative, ambulante Modelle wie Persönliche Assistenz. Hierzu gehört auch die Chance auf einen

Arbeitsplatz und die Möglichkeit zur barrierefreien Teilhabe an allen sonstigen Beschäftigungs-, Freizeit- und Kontaktangeboten.

Alle diese Faktoren der Selbstbestimmung verlieren mit zunehmendem Alter als Mensch mit Behinderung nicht ihre Gültigkeit – im Gegenteil. Gerade in Zeiten, in denen sich Rahmenbedingungen wie z. B. Gesundheit, Leistungsfähigkeit, finanzielle Abhängigkeiten, Wohnmöglichkeiten stark spürbar verändern, ist das Recht auf Selbstbestimmung das höchste Gut als stabile Basis für das Treffen von neuen verantwortlichen Entscheidungen in Freiheit und Würde. Dies war einer der Gründe, das Projekt „50PlusMinus“ – Älter werden mit einer körperlichen Behinderung“ ins Leben zu rufen.

Das Projekt „50PlusMinus – Älter werden mit einer körperlichen Behinderung" – ein Beitrag, die Vision eines selbstbestimmten Lebens Wirklichkeit werden zu lassen

Älter werden mit einer körperlichen Behinderung ist ein Thema, das bisher sowohl in der Seniorenpolitik als auch in der Behindertenpolitik wenig Beachtung gefunden hat. Tatsächlich wird die Gruppe der älteren behinderten Menschen erst jetzt immer größer und sichtbarer. Verantwortlich dafür ist zum einen das Euthanasie-Programm im Nationalsozialismus, zum anderen aber auch der medizinische Fortschritt. Erst in der heutigen Zeit konnte eine große Anzahl behinderter Menschen überleben. Nun gilt es, dem Überleben auch ein erfülltes, selbstbestimmtes Leben folgen zu lassen.

Zunehmende gesundheitliche Einschränkungen, schlechtere wirtschaftliche Verhältnisse und weniger soziale Kontakte sind für alle die Themen des Alters. Die Biografien von Menschen mit Behinderung weisen zudem noch Besonderheiten auf, die sich von nicht behinderten Lebensverläufen unterscheiden. Dazu gehören u. a. die Erfahrung von Aussonderung (z. B. der Besuch von Sondereinrichtungen), schlechtere Zugangschancen (z. B. in Ausbildung, Beruf, Karriere) eingeschränkte Wahlmöglichkeiten (z. B. bei Wohnformen oder auch bei der Entscheidung für verschiedene Lebensmodelle in Bezug auf Partnerschaft und

Familie). Dies alles wirkt auf den Lebensweg und hat Konsequenzen auch für das Älterwerden. An diesem Punkt setzt das Projekt „50PlusMinus – Älter werden mit einer körperlichen Behinderung“ an.

Die damit verbundenen Veränderungen treten für behinderte Menschen zudem häufig im früheren Lebensalter auf. Dieser Aspekt wird dadurch unterstrichen, dass der gängige Begriff „50 Plus“ für den Projekttitel zu „50PlusMinus“ umgewandelt wurde.

Das Projekt „50PlusMinus – Älter werden mt einer körperlichen Behinderung“ wurde unter dem Dach des Zentrums für selbstbestimmtes Leben, Köln (ZsL Köln) ins Leben gerufen. Durch die Förderung des Ministeriums für Arbeit, Gesundheit und Soziales des Landes Nordrhein-Westfalen (MAGS NRW), der Stiftung Wohlfahrtspflege NRW, der Dr. Dormagen-Guffanti-Stiftung und der Kämpgen Stiftung konnte es am 01.10.2006 mit der Arbeit beginnen.

Projektziele

Das Projekt 50PlusMinus hat zum Ziel, dass Menschen mit Behinderung, auch wenn sie älter werden, ein selbstbestimmtes Leben führen und am gesellschaftlichen Leben teilhaben können.

In Bezug auf die Zielgruppe des Projekts bedeutet dies konkret, dass die älteren Kölner Bürgerinnen und Bürger mit Behinderung alle Unterstützung und Informationen erhalten sollen, die sie benötigen, um für sich selbst z. B. notwendige Hilfen zu organisieren, passenden Wohnraum zu finden oder soziale Kontakte aufzubauen. Zudem sollen sie die Möglichkeit bekommen, auf allen Ebenen an den vielfältigen Seniorenangeboten in Köln teilzunehmen. Dies kann z. B. die Teilnahme an einer Gruppe sein, die sich regelmäßig zum Spazierengehen trifft, es kann sein, selbst ehrenamtlich einen Musikkreis anzubieten oder sich als Seniorenvertreterin bzw. Seniorenvertreter wählen zu lassen.

Projektinhalte

Das Projekt 50PlusMinus beinhaltet zwei Arbeitsbereiche:

1 Beratung und Unterstützung von Menschen, die schon lange mit einer körperlichen Behinderung leben und nun älter werden bzw. alt sind;
2 Beratung von und Kooperation mit Institutionen der Offenen Seniorenarbeit, z. B. Seniorennetzwerke in Stadtteilen, Seniorenberaterinnen und Seniorenberater.

1. Beratung und Unterstützung von Menschen, die schon lange mit einer körperlichen Behinderung leben und nun älter werden bzw. alt sind

Das Projekt bietet eine ganzheitliche, parteiliche, emanzipatorische Lebensberatung bzw. -begleitung für Menschen mit Behinderungen nach der Methode des Peer Counseling an. Peer Counseling bedeutet sinngemäß Beratung in Richtung einer selbstbestimmten Lebensführung durch Menschen, die Erfahrungen aus ähnlichen Lebenssituationen mitbringen.

Konkret bedeutet dies, dass die Beraterinnen und Berater des Projektes neben ihrer beruflichen Qualifikation selbst auch behindert sind. Auf dieser Grundlage teilen sie ähnliche Lebenserfahrungen und erleichtern dadurch für die Ratsuchenden den Zugang, über ihre Fragen ins Gespräch zu kommen.

In den Beratungsgesprächen des Projekts 50PlusMinus äußern ältere Menschen mit Behinderung häufig das Bedürfnis, sich z. B. mit dem erhöhten Hilfebedarf auseinandersetzen zu wollen oder eine andere passenden Wohnform finden zu müssen, um auch im Alter selbstbestimmt zu leben. Der Wunsch nach Kontakt und einer sinnvollen Aufgabe wird ebenfalls oft genannt. Hier beraten und begleiten die Mitarbeiterinnen und Mitarbeiter bei der Entwicklung von Zielen und deren Umsetzung und bieten Unterstützung bei der Auseinandersetzung mit der sich verändernden Lebenssituation.

2. **Beratung von und Kooperation mit Institutionen der Offenen Seniorenarbeit, z. B. Seniorennetzwerke in Stadtteilen, Seniorenberaterinnen und Seniorenberater**

In diesem Rahmen werden Gespräche mit Anbietern der Offenen Altenhilfe geführt, um diese für die Thematik der älteren Menschen mit Behinderung zu sensibilisieren. Sie werden darin unterstützt, ihre Angebote auch für diesen Personenkreis zu öffnen und erreichbar zu machen. Viele Kölner Seniorennetzwerke nehmen dieses Thema bereits interessiert auf und laden ein, Inhalte und Ziele des Projekts in Stadtteilkonferenzen, Runden Tischen der Seniorenarbeit oder anderen öffentlichen Veranstaltungen vorzustellen. In übergeordneten Gremien gelingt es zunehmend, zu sensibilisieren und in lebendige Diskussionen zu kommen.

Konkrete Beispiele der Projektumsetzung

Inhalte der Projektarbeit sind Beratung, Vernetzungsarbeit mit anderen Institutionen, Öffentlichkeitsarbeit und die politische Arbeit. Um den Zugang zum Projektangebot möglichst leicht zu gestalten, entwickelten wir möglichst niederschwellige Angebote. Es existieren barrierefreie Beratungsräume, auch eine fest installierte Höranlage ist in Vorbereitung. Flexible Beratungstermine und in einzelnen Fällen auch Hausbesuche sind selbstverständlich. Neu hinzugekommen ist ebenfalls eine monatliche Beratungssprechstunde im Stadtteilzentrum Buchforst für die behinderten Bewohnerinnen und Bewohner der rechtsrheinischen Stadtteile.

Neben der Beratung steht auch die Entwicklung von Angeboten, um miteinander in Kontakt zu kommen. So finden regelmäßige Filmabende für die Bewohnerinnen und Bewohner der Senioren- und Behindertenwohnungen in der Pohlman- und Nesselrodestraße in Köln-Niehl statt. Die Beraterinnen und Berater besuchen kontinuierlich Veranstaltungen für Seniorinnen und Senioren, um über das Projekt und zum spezifischen Beratungsangebot zu informieren. Zudem sind sie engagiert bei MultiplikatorInnentreffen wie Stadtteilkonferenzen des Seniorennetzwerkes Köln-Niehl und Köln-Südstadt, AG „Zukunft und Alter“ des DPWV, AG „Gesundheit im Alter“ des Gesundheitsamtes der Stadt Köln.

Zudem beraten sie bei Umbauvorhaben zur Barrierefreiheit, z. B. durch die Unterstützung zur Beschaffung einer Rampe für das Stadtteilzentrum Buchforst oder die begleitende Beratung bei der Planung des barrierefreien Begegnungszentrums der Kölner Seniorengemeinschaft für Sport und Freizeitgestaltung e. V. Sülz. Dazu gehört auch, z. B. Förderanträge der Stiftung Wohlfahrtspflege für solche Umbaumaßnahmen zu unterstützen und ihre Umsetzung zu begleiten.

Fazit

Das Projekt 50PlusMinus ist ein Beispiel für eine innovative Herangehensweise an die Themen Behinderung und Alter in Selbstbestimmung, vor allem durch die Einbeziehung dreier Aspekte:

- 50PlusMinus ist das erste Projekt, das die spezifischen Bedürfnisse der Menschen mit körperlicher Behinderung im Alter in den Mittelpunkt stellt.
- 50PlusMinus ist das erste Projekt, das Botschafterinnen und Botschafter aus der Behindertenselbsthilfe in die Seniorenarbeit entsendet.
- 50PlusMinus ist das erste Projekt, das zwischen beiden Bereichen eine Brücke schlägt.

„Selbstbestimmt leben im Alter von Menschen mit Behinderung" – Ergebnisse der Arbeitsgruppe

Im Rahmen der Arbeitsgruppe wurde das Thema „Selbstbestimmung im Alter von Menschen mit Behinderung“ in den Mittelpunkt gestellt. Es fand sich eine unerwartet hohe Resonanz mit fast 50 Teilnehmerinnen und Teilnehmern aus Pflegeberufen, Einrichtungsleitungen und aus anderen pädagogischen oder sozialen Berufsfeldern. Nach der Sammlung persönlicher Stichworte oder Aspekte des Begriffs „Selbstbestimmung" folgte eine rege Diskussion zur Fragestellung: „Lassen sich diese Aspekte auf die Zielgruppe der Menschen mit körperlichen Behinderungen, die jetzt älter werden, übertragen?" Wir baten die Teilnehmerinnen und Teilnehmer um ihre Erfahrungen und Eindrücke aus ihrem beruflichen Alltag. Folgende Diskussionspunkte bildeten die Schwerpunkte:

- Die Hilfeabhängigkeit wird im Alter höher, daher ist es sicher noch schwieriger, selbstbestimmt zu leben, denn die Schwierigkeiten des Alters kommen noch hinzu. Ebenso passieren diese Veränderungen oft im früheren Lebensalter. Von der Gruppe der Menschen mit Behinderung, die nun alt werden, kann man erst heute sprechen; jetzt erst gibt es die erste Generation.
- Der von einem Teilnehmer genannte Punkt „Recht auf Verwahrlosung" wurde von vielen kritisch gesehen. Die Teilnehmerinnen und Teilnehmer einigten sich auf die Umschreibung, dass es erlaubt sein muss, „sich gehen zu lassen". In Bezug dazu ergaben sich viele Diskussionsbeiträge zur Thematik bestehender Grenzen von Selbstbestimmung. Niemand kann alles das machen, was er will. Wir hielten dagegen, dass es nicht darum geht, die rechtlichen, ethischen und moralischen gesellschaftlichen Vereinbarungen außer Kraft zu setzen. Unsere Forderung nach Selbstbestimmung bedeutet, in dem Rahmen, den die Lebenssituation mit Behinderung vorgibt, alle Wahlmöglichkeiten zu kennen und dann entscheiden zu können.
- Selbstbestimmung impliziert Verantwortung, die Möglichkeit, Fehler zu machen, und die Chance, aus Fehlern zu lernen. Auch aus diesem Grund ist es wichtig, Lernen ermöglicht zu bekommen, selber Erfahrungen zu machen und sich zu entwickeln. Einige Teilnehmerinnen und Teilnehmer trugen anhand ihrer Erfahrung aus dem beruflichen Alltag eines Wohnheims oder einer Einrichtung des Betreuten Wohnens Beispiele bei, in denen sie sich in der Rolle sehen, die Bewohnerin oder den Bewohner auf Missstände und ihre Konsequenzen hinzuweisen, da die Bewohnerinnen oder Bewohner das selbst nicht einschätzen können. Ein Extremfall ist z. B. die Gefährdung des eigenen Lebens. Ein Teilnehmer warf ein, dass die Übernahme der eigenen

Verantwortung nicht für alle möglich sei. Auch hierzu entstand eine lebhafte Diskussion. Die Gruppe einigte sich darauf, dass solche Hinweise im Sinne von Unterstützung durchaus gerechtfertigt sind, solange es das reine „Auf etwas aufmerksam machen" bleibt. Erhält das Gegenüber in diesem Rahmen trotzdem die freie Entscheidung, wird die Selbstbestimmung nicht beschnitten.

- Ein weiterer Punkt war, dass „behindert sein" damit zu tun hat, wie man von anderen gesehen wird. „Wäre es in unserer Gesellschaft völlig normal, krumm zu laufen, würde man auch bessere Möglichkeiten und Chancen vorfinden und niemand hätte damit ein Problem." Ergänzend wurde genannt, „dass alle auch irgendwie behindert sind". Zu diesem Punkt betonten wir den für uns entscheidenden Punkt, dass Behinderung für uns immer meint, dass wir aufgrund der körperlichen Beeinträchtigungen mit einer sich unterscheidenden Biografie aufgewachsen sind. Die meisten verbrachten z. B. ihre Kindheit und Jugend in Sondereinrichtungen. Darauf bauen sich alle folgenden Lebensentwicklungen auf. Natürlich unterliegen Menschen ohne Behinderung auch Zwängen, sie haben jedoch in der Regel mehr Wahlmöglichkeiten.
- Ein großes Gesprächsthema war der Stichpunkt „Bedürfnisse". Um Bedürfnisse durchzusetzen, muss es Angebote und Wahlmöglichkeiten geben. Ein Teilnehmer mit einem beruflichen Hintergrund als Peer Counselor betonte, dass die Grundlage dafür, Bedürfnisse wahrzunehmen, erst gelernt worden sein muss. Dies ist häufig bei älteren Menschen mit Behinderung nicht der Fall. Viele Teilnehmenden schätzten die Situation so ein, dass behinderte Menschen insbesondere in Einrichtungen oder mit Pflegebedarf keine Chance haben, Bedürfnisse wie „mein Köper gehört mir" oder Sexualität zu schützen.
  Als Schwierigkeit und Belastung wird von Bewohnerinnen und Bewohnern oft genannt, dass in der Pflege häufige Personalwechsel stattfinden und man niemanden aussuchen kann. Bei der Körperpflege bleibt oft das Gefühl des Ausgeliefertseins. Bei älteren Bewohnerinnen und Bewohnern geschieht oft Rückzug; es konnte nie gelernt werden, etwas anzusprechen oder Bedürfnisse zu äußern. Sexualität im Alter ist ein Thema, das auch grundsätzlich erst jetzt offener be-

handelt wird. In Bezug auf einen offenen Umgang mit den Themen „Behinderung und Sexualität" liegt Deutschland z. B. im Vergleich zu Holland weit zurück. Dies liegt auch in der deutschen Vergangenheit des Nationalsozialismus begründet, dessen Last des „unwerten Lebens" wir mit uns tragen. Noch vor zehn Jahren gab es keinen Sexualunterricht an Förderschulen für Menschen mit dem Schwerpunkt der Lernförderung.
Die meisten beobachten, dass jüngere Menschen mit Behinderung eine andere Entwicklung machen konnten. Es gab eine Veränderung im Selbstbewusstsein, aber auch in der Haltung der Menschen, die in Einrichtungen arbeiten. Hier wurden von einem teilnehmenden Pflegedienstleiter eines Wohnheims viele Beispiele genannt, die ein verändertes Bewusstsein deutlich machen. Zum Beispiel darf das Thema Sexualität dort angesprochen und auch (wenn nötig mit Assistenz) gelebt werden. Es wird dort eine offene und respektvolle Haltung der Mitarbeiterinnen und Mitarbeiter erwartet, die Selbstbestimmung und möglichst freie Entfaltung gewährleistet, wie z. B. erst um 24.00 Uhr ins Bett gehen zu können oder in einer Stunde 30 Mal zu klingeln, weil die Buchseiten umgeschlagen werden müssen und das Lesegerät defekt ist. Jüngere behinderte Menschen bringen mehr eigene Auseinandersetzung mit, zu der die ältere Generation noch keine Chance gehabt hat.

Insgesamt ergab sich eine sehr lebendige und konstruktive Diskussion. Es entstanden viele sich gegenseitig bereichernde Eindrücke der heutigen Situation von älteren Menschen mit Behinderung, insbesondere in Bezug auf das Recht der Selbstbestimmung. Im zweiten Teil der Arbeitsgruppe lag der Schwerpunkt auf Möglichkeiten, Selbstbestimmung auch für ältere und alte Menschen mit Behinderung für die Zukunft zu fördern. Im Anschluss an die Vorstellung des Projekts „50PlusMinus – Älter werden mit einer körperlichen Behinderung" erarbeiteten die Teilnehmerinnen und Teilnehmer eigene Ideen und Möglichkeiten, um in ihrem beruflichen oder privaten Umfeld Selbstbestimmung und Teilhabe von Menschen mit Behinderung im Seniorenalter zu unterstützen. Es konnten vielfältige und bereichernde Ergebnisse und Forderungen gesammelt werden:

- Perspektive sollte erweitert werden: Seniorinnen und Senioren sind nicht nur eine Gruppe, für die man plant, sondern auch eine Gruppe, die selbst aktiv werden will – auch ältere Menschen mit Behinderung auf aktive Beteiligung z. B. in Seniorengruppen ansprechen;
- es sollte schon in der jungen Generation ein Bewusstsein für die Themen Behinderung, Alter und Selbstbestimmung geschaffen werden, z. B. in den Schulen;
- es sollte viel mehr im Denken implantiert werden, bauliche Barrieren zu entfernen. Ein Beispiel: Warum nicht alle Wohnungen barrierefrei bauen? Es schadet niemandem;
- auch bei eigenen Veranstaltungen Barrierefreiheit mitdenken und die bestmöglichen Bedingungen schaffen;
- bei Präsentationen auch an Sehbehinderte und Hörbehinderte denken, Alternativen anbieten;
- Thema Barrierefreiheit in Seniorenforen einbringen;
- Netzwerkarbeit;
- im beruflichen Alltag immer wieder reflektieren, auch mit Kolleginnen und Kollegen;
- Kontakt zur Stadtverwaltung (auch in Kleinstädten) aufnehmen, zur Barrierefreiheit aufklären;
- Erfahrungen mehr in die Öffentlichkeit bringen, z. B. in Leserbriefen.

Die Arbeitsgruppe setzte sich sehr intensiv und lebendig mit der Thematik „Selbstbestimmung von Menschen mit Behinderung im Alter“ auseinander. Sowohl die große Anzahl der Teilnehmerinnen und Teilnehmer als auch die vielen Diskussionsbeiträge und interessierten Fragen an unser Projektteam machten deutlich, dass Selbstbestimmung nicht mehr nur ein wichtiger „interner“ Begriff der Selbstbestimmt-Leben-Bewegung ist, sondern auch von vielen anderen professionell Tätigen als grundsätzliches Grundbedürfnis und Grundrecht von Menschen mit Behinderung verstanden wird.

Der Schlüsselsatz einer Teilnehmerin zum Ende des Arbeitskreises war für uns: „Ich nehme mit, Menschen mit Behinderungen als Experten wahrzunehmen, sie zu fragen – aber nicht nur zu fragen, sondern ihre Entscheidungen auch umzusetzen."

Kontakt

Silke Rehfeld, Pädagogin M.A.
Christiane Schneider, Dipl. Pädagogin
Projekt 50PlusMinus – Zentrum für selbstbestimmtes Leben
Pohlmanstr. 13, 50735 Köln
Tel.: 0221 / 2771703, Fax: 0221 / 2771648
E-Mail: 50plusminus@zsl-koeln.de

Weisheit, Mitgefühl und universelle Verbundenheit – Werte des Alters in Gesellschaft gelebt

Kirstin Fossgreen

Behinderung und Teilhabe

Fürsorge, Empowerment, Teilhabe. Diese Begriffe verweisen in der Teilhabediskussion zunächst auf eine geschichtliche Entwicklung der Position von Menschen mit Behinderung in unserer Gesellschaft, so wie es auch die geänderte Namensgebung von „Aktion Sorgenkind" zur „Aktion Mensch" widerspiegelt. Der Begriff „Fürsorge" hat in diesem Kontext einen paternalistischen Beiklang, lässt uns an Heime, Ausgliederung und Versorgung in Abhängigkeit denken und scheint dem Begriff „Empowerment" politisch entgegenzustehen. Mit Empowerment ist in dieser Diskussion der ressourcenorientierte Ansatz der Selbstbefähigung gemeint, „die Gewinnung von Selbstbestimmungsfähigkeiten und das Verfügen über einen selbstgewählten Lebensverlauf" (Stöppler/Gattermann 2008). Teilhabe wird durch das SGB IX als sozialpolitisches Konzept für Selbstbestimmung und Eigenverantwortung definiert und ist in diesem Sinne als Aspekt der selbstbestimmten Integration behinderter Menschen zu verstehen. Empowerment ist die Fähigkeit, die dazu gebraucht wird. Unter dem Leitthema „Blickwechsel 2005 – Volles Leben" startete die Fürst Donnersmarck-Stiftung 2005 eine Kampagne, die auch provokativ unter das Motto „Volles Leben statt Teilhabe" gestellt wurde und damit die Begrenzung des Begriffes „Teilhabe" kommuniziert. Im Mittelpunkt dieses Mottos sollten besonders die emotionalen und sozialen Seiten des Lebens gestellt werden, für die jeder Mensch auch die eigene volle Verantwortung hat. Nicht die Behinderung von Menschen und der aus diesem „Nachteil" erwachsende Ruf nach Teilhabe steht im Vordergrund, sondern die Frage nach individuellen Lebensentwürfen, nach Lebensqualität und Selbstverwirklichung von Menschen mit und ohne Behinderung. Die Initiative der Aktion Mensch „dieGesellschafter.de" startete 2006 und geht über den Punkt der individuellen Lebensentwürfe hinaus, indem sie fragt, „in was für einer Gesellschaft wollen wir leben". In einem Internetportal werden alle Menschen dazu ermutigt Utopien und Visionen zu entwickeln, zu diskutieren und umzusetzen.

Wenn wir uns mit unseren individuellen Lebensentwürfen beschäftigen und Selbstverwirklichung zu einem persönlichen Wert wird, dann können wir daraus auch Entwürfe einer Gesellschaft ableiten, in der wir leben möchten. Jeder von uns sollte sich fragen: Habe ich einen persönlichen Lebensentwurf oder lebe ich das, was als normal erscheint, was alle machen? Renne ich Werten der Werbung, der Wirtschaft der Konsumgesellschaft hinterher oder sind das meine eigenen? Wann habe ich mir zuletzt Zeit genommen, um bewusst über mein Leben und die Auswirkungen meines Lebens nachzudenken? Was macht das mit mir, wenn ich täglich gegen meine Überzeugungen lebe, wenn ich z. B. Sondereinrichtungen für Kinder mit Lernschwierigkeiten ablehne und vom Vorteil der integrativen Schulsysteme überzeugt bin, aber jeden Tag als Lehrerin in einer Einrichtung der Sonderpädagogik arbeite? Wann habe ich mir das letzte Mal bewusst Zeit genommen, um darüber nachzudenken, in was für einer Gesellschaft ich leben will und wie ich meinen eigenen Lebensentwurf leben kann, um diese Gesellschaft mit zu entwickeln?

Auf dieser Fachtagung geht es um das Thema „Behinderung und Alter". Was bedeutet eigentlich Behinderung?

Ein Aspekt beschreibt Behinderung als individuelle körperlich und/oder geistig-seelische Beeinträchtigung und ist normalerweise an medizinische Diagnostik gebunden (z. B. Querschnittlähmung, Down-Syndrom, Depressionen, Demenz). Auch in der früheren Definition von Behinderung der WHO war die persönliche Beeinträchtigung Ursache von sozialer Beeinträchtigung und damit von Mangel an Teilhabe. Aus impairment/Schädigung entstand disability/Funktionsbeeinträchtigung und daraus handicap/soziale Beeinträchtigung.

Ein anderer Aspekt beschreibt Behinderung als Folge von sozialen und politischen Bedingungen und ist normalerweise an Entwürfe vom gesellschaftlichen Zusammenleben sowie an politische und ethische Werte gebunden (z. B. Integration, Barrierefreiheit, Design for all, Teilhabepläne, Bürgerrechte). Behinderung liegt also vor, wenn die gegebenen äußeren Umstände nicht ermöglichen, dass die individuelle Person am gesellschaftlichen Leben teilhaben kann – oder, noch weiter gefasst, ihren Lebensentwurf leben kann. Somit ist hier Behinderung ein politisches Thema und erfordert Gesellschaftsentwürfe und politische Mitbestimmung aller Menschen für eine Gesellschaft für alle Menschen. In diesem Zusammenhang wird Teilhabe als Aspekt partizipatorischer Demokratie verstanden. 2001 definierte die WHO Behinderung neu. Behinderung wird nun als Ergebnis einer negativen Wechselwirkung zwischen einer Person mit ihrem Beeinträchtigungs-/Gesundheitsproblem und den vorhandenen Kontextfaktoren beschrieben.

Menschen mit Behinderungen im Alter und Menschen mit altersbedingten Behinderungen

Mein Anliegen, Behinderung als sozial-politisches Konzept und auch als individuelle Beeinträchtigung zu sehen, ist deutlich geworden. Was bedeutet das für das Thema „Behinderung und Alter"? Zunächst gilt es festzustellen, dass es hierzu zwei große Unterthemen gibt: Menschen mit Behinderungen im Alter und Menschen mit altersbedingten Behinderungen. Menschen mit Behinderungen im Alter sind Menschen, die entweder seit Geburt oder in früheren Lebensjahren eine Behinderung erworben haben. Menschen mit altersbedingten Behinderungen sind Menschen, die aufgrund des körperlichen und/oder geistigen Alterungsprozesses eine Behinderung erwerben (z. B. Erblindung durch Makuladegeneration, Demenz). Auch Menschen mit Behinderung können im Alter zusätzlich altersbedingte Behinderungen erwerben; z. B. ist bekannt, dass ältere Menschen mit Down-Syndrom vermehrt an Demenz erkranken.

Ich habe in einem Interview am 20.10.08 den niedersächsischen Landesbeauftragten für Menschen mit Behinderungen Karl Finke, der auch

Präsident des Behinderten-Sportverbandes Niedersachsen ist, gefragt, wo er die Gemeinsamkeiten und Unterschiede dieser beiden Gruppen von alten Menschen sieht und welche Bedingungen dazu führen könnten, dass sie nicht von den Realitäten der Gesellschaft behindert werden. Finke stellte in seiner Antwort die Akzeptanz von Behinderung in den Mittelpunkt. Ein Unterschied sei damit, dass Menschen mit Behinderung im Alter gelernt haben, mit ihrer Behinderung zu leben und mit ihrer Behinderung besser umgehen können, da die Grundangst vor Behinderung fehlt. Auch verfügen sie oftmals über eine Infrastruktur, die auf ihre Situation abgestimmt ist. (Ich möchte an diesem Punkt hinzufügen, dass wir hier nicht über ausgegrenzte Gruppen von Menschen mit Behinderungen gesprochen haben, die z. B. in Heimen leben und Werkstätten arbeiten und vielleicht Ängste empfinden bezüglich der Unsicherheit ihres Verbleibs mit Eintritt ins Rentenalter.) Nach Finke ist das Problem für Menschen mit altersbedingten Behinderungen, dass eine persönliche Behinderung nicht zum Lebensplan gehörte und dass es aufgrund des Alters schwieriger sei, sich Hilfsmittel anzueignen und neue Verhaltensweisen zu erlernen. Ich fragte ihn, warum ältere Menschen die Möglichkeit von Behinderung nicht in ihren Lebensplan integrieren, um sich auf solch eine Situation vorzubereiten. Finke sagte dazu, dass die Ängste im Hinblick auf dieses Thema geringer seien, wenn Menschen mit Behinderungen zum Alltag gehören und eine Öffentlichkeit geschaffen wird für Lebensentwürfe im Alter, auch mit Behinderung. Menschen mit Behinderung können den Menschen mit altersbedingten Behinderungen durch Peer Counseling helfen, dies führe zu einem sich Stabilisieren unter Gleichen, aber auch das bisherige Lebensumfeld sei wichtig zur Stabilisierung. Weiterhin betonte Finke die Bedeutung des Sports auch zur Prävention und verwies auf die Angebote im Sport, die sich besonders an Menschen in der zweiten Lebenshälfte richten. Er betonte, dass er die grundsätzliche Notwendigkeit sehe, gesellschaftlich auf die Akzeptanz des Alters hinzuwirken und nicht nur auf die Akzeptanz der mit Jugendlichkeit verbundenen Leistungsgesellschaft. Zur Teilhabe im Alter gehöre auch die Möglichkeit, hohe politische oder soziale Funktionen wahrnehmen zu können und Tätigkeiten auszuüben, wie z. B. einem Beruf nachgehen zu können. Zurzeit sei die Realität so, dass mit dem Rentenbezug der Ausschluss aus dem politischen Leben stattfindet. Ältere Menschen dürften zwar noch dabei sein, aber würden nicht mehr ernst genommen.

Werte des Alters

Die Tradition von Ältestenräten zeigt, dass in unserer Gesellschaft einige bedeutungsvolle Werte gerade den Älteren zugeschrieben werden. Ältestenräte haben meist die Aufgabe innerhalb der Institution, in der sie tätig sind, Entscheidungen vorzubereiten und zwischen verschiedenen Parteien zu vermitteln. Diese Aufgabe erfordert Eigenschaften, die ich in der Überschrift als „Werte des Alters" beschrieben habe und von denen ich glaube, dass sie auch gesellschaftlich als Werte des Alters anerkannt sind. Hierbei geht es um Weisheit, Mitgefühl und universelle Verbundenheit. Ich bin der Ansicht, dass diese Werte nicht nur in Ältestenräte gehören, sondern besonders ins volle Leben und in Konzepte vom gesellschaftlichen Zusammenleben.

Ich möchte im Folgenden die Begriffe definieren:

Weisheit wird in der Alltagssprache meist mit Lebenserfahrung gleichgesetzt. Ich möchte es hier tiefer und umfassender definieren. Weisheit ist der Zugang durch direkte Einsicht zu einem tiefen Wissen, welches individuelle und kollektive Erfahrung, Intelligenz und Kreativität beinhaltet. „Direkt" bedeutet, dass der Geist verbunden ist mit einem tiefen Wissen und weiß und erkennt. Direkte Einsicht bedeutet nicht Denken, Argumente abwiegen, Schlussfolgerungen ziehen. Direkte Einsicht bedeutet auch nicht Bewerten und Manipulieren im Sinne von „Ich möchte, das es so und so ist, also mache oder sage ich dies und jenes". Direkte Einsicht kann nicht gewollt herbeigeführt werden, sondern kann durch Entspannung und Öffnung des Geistes spontan geschehen. Voraussetzung ist normalerweise ein spirituelles Training des Geistes oder ein Training, welches den Geist auf andere Art und Weise öffnet. Dies kann auch tiefe Selbstreflexion eigener Lebenserfahrung sein. Dieses Training bedarf Zeit, und es beschäftigen sich die meisten Menschen erst mit zunehmendem Alter damit. So entsteht Weisheit im Alter. Weisheit ist von besonderer Bedeutung, wenn Menschen in der Lage sind, sie so an andere Menschen weiterzuvermitteln, dass sie dem Zusammenleben aller Menschen in Frieden nützt. Jeder Mensch hat die Fähigkeit zur Entwicklung von Weisheit, auch Menschen mit geistiger, seelischer oder psychischer Behinderung. Vielleicht würden es diese Menschen anders definieren. Vielleicht würde ein Mensch mit geistiger Behinderung auf die Frage, was er als Weisheit empfindet, mit einfacher Sprache antworten: „Wenn etwas Tiefes in mir weiß, dass es richtig ist."

Mitgefühl wird in der Alltagssprache meist mit Einfühlungsvermögen gleichgesetzt, manchmal auch mit Mitleid. Mitgefühl ist aber eine andere und tiefere Eigenschaft. Mitgefühl ist die Fähigkeit, die Gefühle eines anderen Menschen mitzufühlen. Im neurobiologischem Sinne ist Mitgefühl eine angeborene menschliche Eigenschaft, für die Spiegelneurone unseres Gehirns zuständig sind. Spiegelneurone sind Nervenzellen, die im Gehirn bei der Beobachtung einer Handlung eines anderen Menschen dasselbe neurobiologische Programm aktivieren, als wenn wir selbst diese Handlung ausführen. Die Spiegelneuronen erkennen sogar die Absicht des anderen, und wir können diese so empfinden, als ob es unsere eigene wäre. Es entsteht eine Resonanz im eigenen Gehirn zu dem des Gegenübers (Klein 2008). Mitgefühl hängt insofern schon mit dem Begriff der universellen Verbundenheit, den ich später erläutern werde, zusammen. Mitgefühl beschreibt das unmittelbare Fühlen, während Einfühlungsvermögen das Einfühlen über den Zwischenschritt des Denkens, der Vorstellung, wie es beim anderen sein könnte, beschreibt. Der weise Umgang mit bewussten Mitgefühl wird durch den kategorischen Imperativ beschrieben: „Handle nur nach derjenigen Maxime, durch die du zugleich wollen kannst, dass sie ein allgemeines Gesetz werde" (Kant), oder in einfacher Sprache ausgedrückt: „Was du nicht willst was man dir tu, das füg auch keiner/keinem Andern zu." Diese Erkenntnis wächst leider oftmals erst im Alter, wenn unser Leben sich mehr auf Verbundenheit ausrichtet und nicht mehr das Durchsetzen vermeintlich eigener Interessen zur Selbstbehauptung im Vordergrund steht.

Universelle Verbundenheit meint die Erkenntnis der Nicht-Dualität, der Einheit. Meiner Ansicht nach gibt es zwei bedeutende Aspekte dieses Begriffs: zum einen die Erkenntnis des Gleichen in den unterschiedlichen individuellen Ausprägungen. Jeder Mensch ist ein eigenes Individuum, und es gibt etwas Gleiches in allen Menschen, was uns miteinander verbindet. Diese Erkenntnis ist auch Grundlage von Humanismus und Demokratie. Zum Zweiten die Erkenntnis der gegenseitigen Abhängigkeit allen Lebens: Dies umfasst die gesamte Natur, deshalb auch die Begrifflichkeit „universelle Verbundenheit“. So ist der Mensch in seiner Existenz von sauberer Luft zum Atmen und sauberem Wasser zum Trinken abhängig. Aber auch wir Menschen untereinander sind voneinander abhängig. Oft bemerken wir dieses erst, wenn wir unsere eigenen Grenzen bewusst spüren und auf Hilfe angewiesen sind, z. B. im Falle von Krankheit oder Alter. Dass unser ganzes Leben auf dieser Abhängigkeit gründet, verdrängen wir in der heutigen Gesellschaft, die Unabhängigkeit, Flexibilität und Mobilität betont. Anstatt die Abhängigkeit der Menschen voneinander zu sehen, wird die Illusion der Unabhängigkeit durch Geld, Besitz und Konsumgüter genährt. Wenn wir nun einmal bei jeder Tätigkeit, die wir ausführen, darüber nachdenken, wer daran noch beteiligt ist, wird die Idee der universellen Verbundenheit wieder fassbar. Ein Beispiel: Mein Brot besteht aus Korn, welches Landwirte gesät, gepflegt und geerntet haben. Andere Menschen haben es verpackt und transportiert und wieder andere an- und verkauft, und dann wurde es in einer Mühle von anderen vermahlen und später von wieder anderen gebacken und dann wieder von anderen verkauft. Es haben also ziemlich viele daran mitgewirkt, dass ich eine Scheibe Brot essen kann.

Warum stelle ich die Diskussion um diese Begriffe in den Mittelpunkt meines Vortrages? Warum rede ich über politische Philosophie, über Ethik? Weil ich der Meinung bin, dass wir in der Diskussion darum, in was für einer Welt wir leben wollen, darüber reden sollten, welche Werte in dieser Gesellschaft von Bedeutung sein sollen. Ich finde es dringend an der Zeit, wieder Ethik und Werte zu diskutieren und nicht immer nur Geld. Wir leben in einer Zeit der monetären Logik. Wir meinen, wenn wir Geld haben, brauchen wir uns keine Gedanken um unser Zusammenleben zu machen, denn wir können kaufen, was wir wollen und brauchen, auch unsere Altersversorgung und die Hilfe, die wir brauchen. Wenn wir Vorschläge machen, wie wir uns Zusammenleben vorstellen, Leben im Alter, Leben in Integration, Teilhabe am Leben, dann werden diese Vorschläge danach bewertet, was sie kosten.

Ich habe Karl Finke die Frage gestellt, welche Bedeutung seiner Meinung nach Ethik, Werte und politische Philosophie für eine Teilhabegesellschaft haben. Er sagte, dies würde auf die Grundfrage hinauslaufen: An welchen ethischen Normen orientiert sich Politik? Geht es nur darum, dass niemand verhungern solle, oder um Bürgerrechte für alle und eine Ethik der Verantwortung und des Hinschauens, z. B. bei Übergriffen auf Menschen mit Behinderungen? Finke formulierte auch seine Sorge darüber, dass die Politik zurzeit die Bürgerrechte für Menschen mit Behinderungen stärkt bei gleichzeitiger Schwächung der Leistungsrechte.

Ich möchte an dieser Stelle noch einen weiteren Wert in die Diskussion einbringen, der Wert, der oft als unser höchstes Gut beschrieben wird, aber meist nicht im Zusammenhang mit Alter und erst recht nicht im Zusammenhang mit Behinderung erwähnt wird. Ich rede von Gesundheit. Warum ist Gesundheit in einer Diskussion um Alter, Behinderung und Teilhabe wichtig? Weil Gesundheit die Ressource ist, die uns Teilhabe ermöglicht. Je gesünder wir alt werden – ob mit oder ohne Behinderung –, desto selbstbestimmter können wir im Alter leben und vielleicht sogar altersbedingte Behinderungen herauszögern oder vermeiden. Der Bundesverband für Körper- und Mehrfachbehinderte e. V. fordert 2004, „Die Erkenntnisse von Geriatrie, Prävention und altersgerechter Lebensführung (Bewegung, Ernährung, soziale Kontakte) sollen mit denen der Behindertenhilfe verknüpft und für behinderte Menschen genutzt werden.“ Die Landesvereinigung für Gesundheit und Akademie für Sozialmedizin Niedersachsen e. V. hat die Ausgabe ihrer Zeitschrift „impu!se“ von März 2008 unter das Thema Behinderung und Gesundheit gestellt (impu!se 2008). Aus meiner Sicht sind folgende Bereiche für Menschen mit und ohne Behinderung wesentlich, wenn es um Prävention und Gesundheitsförderung im Alter geht: Bewegung, Ernährung, Gefühlsleben, soziale Netzwerke und Medikation.

Bewegung: Unbestritten ist, dass Sport den Körper und Geist in vielerlei Hinsicht unterstützt, gesund alt zu werden, und darüber hinaus zu sozialen Kontakten und einem ausgeglicheneren Gemüt führt (Tarams/Theis 2007).

Ernährung: Der Mensch ist, was er isst. Ein Slogan der deutschen Gesellschaft für Ernährung, der leider nicht sehr weit in die Bevölkerung vorgedrungen ist. Gute Ernährung scheint mit gehobenem sozialen Status und Bildung zusammenzuhängen. Heute haben wir das Problem der Kinder, die aufgrund von Fehlernährung Behinderungen wie Übergewicht und Verhaltensauffälligkeiten entwickeln. Bei alten Menschen liegt das Ernährungsproblem neben Appetitlosigkeit, Isolation (mangelnde Ansprache beim Essen) und Sparsamkeit (kleine Renten) auch in der mangelnden Flüssigkeitsaufnahme. Darüber hinaus sind viele alte Menschen nicht informiert über die speziellen Anforderungen an altersgerechte Seniorenkost. Leider sind dies auch viele Bringdienste und Küchen in Alterswohnanlagen nicht.

Gefühlsleben: Entspannung, Freude, aktives Bewältigen von Aufgaben trägt zu einer positiven Lebenseinstellung bei und hält Körper und Geist gesund. Stress, Sorgen, Grübeln, Gefühle von Ausgeliefertsein und Ohnmacht schwächen das Immunsystem.

Soziale Netzwerke: Dass soziale Netzwerke gesundheitsfördernd wirken, ist bekannt. Gerade im Alter bewegt der Mensch sich nicht mehr automatisch in Gesellschaft. Es erfordert Antriebskraft und Lebenskraft, im Alter Aufgaben zu übernehmen und Beziehungen zu pflegen.

Medikation: Nicht selten nehmen alte Menschen mehrere Medikamente, die nicht aufeinander abgestimmt sind. Dazu kommt, dass sehr wirkungsvolle Medikamente der Phytotherapie oder Homöopathie nicht mehr auf Kassenrezept verordnet werden können und entsprechend auch mehr verschreibungspflichtige Medikamente, die schlimmere Nebenwirkungen haben, verordnet werden. Ein zweites großes Problem mit der Medikation sehe ich in der Verordnung von Tranquilizern, Antidepressiva und Schlafmitteln. Ob diese Mittel den Menschen tatsächlich zu mehr Teilhabe und Lebensqualität verhelfen oder sie nicht eher in eine Abhängigkeit abgleiten lassen mit dem Gefühl, ihr Leben nicht allein bewältigen zu können, soll an dieser Stelle gefragt werden.

Ich bin der Meinung, dass in all diesen angesprochenen Ebenen von Gesundheit die Naturheilkunde und der Beruf der Heilpraktikerin/des Heilpraktikers ausgezeichnete Dienste leistet. Wenn die Ressource des Alters Gesundheit ist, dann sollte die Naturheilkunde an erster Stelle in der Versorgung stehen. Sie mobilisiert die Lebenskraft und unterstützt den Körper in seiner Kraft der Selbstregulation. Sie arbeitet präventiv und salutogenetisch. Wir haben bereits ein „Zwei-Klassen-Medizinsystem", und die Menschen, die Geld haben oder privat versichert sind, haben den Wert der Naturheilkunde längst entdeckt. Die Teilhabe an diesem Part der medizinischen Versorgung sollte allen Menschen zugänglich gemacht werden, damit sie gesund in Gesellschaft alt werden können.

Enden möchte ich, indem ich noch einmal Karl Finke zitiere. Auf die Frage, was Menschen mit Behinderungen (MmB) und Menschen ohne Behinderungen (MoB) voneinander lernen könnten, antwortete er:

MmB von MoB: Durchsetzungsvermögen und eigene Interessen vertreten. Kontakt auf Augenhöhe.

MoB von MmB: Krisenbewältigung, Mobilität unter schwierigen Bedingungen. Nicht vorhandene Fähigkeiten durch andere Leistungen kompensieren. Differenzierte Wahrnehmungsebenen. Positive Lebenskraft.

Ich selber habe mir die Frage auch gestellt und möchte folgende Gedanken zum Ausklang mitgeben:

Ein erfülltes Leben, Glück und Zufriedenheit im Alter hängen wesentlich mit den Werten, die in einer Gesellschaft gelebt werden und von Bedeutung sind, zusammen. Die Frage nach Teilhabe 2030 sollte uns auffordern, aktiv für eine Gesellschaft einzutreten, in der wir leben und alt werden wollen. Das Engagement der Menschen mit Behinderungen für Bürger- und Menschenrechte sowie für das Recht auf Teilhabe und eigene Lebensentwürfe kann dabei vorbildlich und inspirierend für alle Menschen sein.

Literatur

Bundesverband für Körper- und Mehrfachbehinderte e. V.: Eckpunkte zur Eingliederung und Versorgung von alten Menschen mit Behinderung. Düsseldorf 2004

Impu!se 58, März 2008. Im Internet runterzuladen unter: http://www.gesundheit-nds.de/veroeffentlichungen/newsletterimpuse/index.htm

Klein, S. (2008): Die Entdeckung des Mitgefühls. In ZEIT ONLINE 21/2008, 29

Stöppler, R.; Gattermann, K. (2008): 'When I'm 64....' Bildungskonzepte für ältere Menschen mit geistiger Behinderung. In: impu!se 58, März 2008, 6

Tarams, O.; Theis, G. (2007): Noch immer voll auf der Höhe. In: GEO WISSEN Nr. 39/2007, 78

Fragestellungen des Arbeitskreises

Tisch 1 – Fürsorge und Empowerment

- In welchen Lebensbereichen wünschen wir uns Fürsorge, in welchen Empowerment?
- Was heißt das für eine Vision 2030?

Tisch 2 – Behindert sein oder behindert werden?

- Was heißt eigentlich Behinderung?
- Wodurch fühle ich mich behindert?
- Was heißt das für eine Vision 2030?

Tisch 3 – Weisheit, Mitgefühl, universelle Verbundenheit

- Welche Orte gibt es heute für diese Werte?
- Welche Orte wünschen wir uns für eine Vision 2030?

Tisch 4 – Vorbildliche Praxismodelle

- Welche Praxismodelle kenne ich, die meine Idee von Teilhabe 2030 jetzt widerspiegeln?
- Was ist das Ausschlaggebende daran?

Tisch 5 – In was für einer Gesellschaft wollen wir leben?

- Welche Orte und welche Aufgaben haben alte Menschen und Menschen mit Behinderung in unserer Gesellschaft?
- Was wünschen wir uns für eine Vision 2030?

Tisch 6 – Alter und Behinderung

- Welche Rolle spielt Behinderung für unsere Lebensentwürfe im Alter?
- Was heißt das für eine Vision 2030?

Tisch 7 – Gesundheit im Alter

- Was fördert Gesundheit, was behindert Gesundheit im Alter?
- Was heißt das für eine Vision 2030?

Neue Wohnformen im Alter – Konzepte und praktische Erfahrungen der Umsetzung

Ursula Kremer-Preiß, Kuratorium Deutsche Altershilfe

1. Zukünftige Veränderungen

Angesichts der demografischen Entwicklung und der zu erwartenden Entwicklungen im Bereich der Versorgungssysteme für pflegebedürftige alte Menschen in Deutschland wird das Wohnen im Alter in Zukunft mit einer ganzen Reihe von neuen Herausforderungen konfrontiert werden. Zu diesen Herausforderungen, die das Wohnen und Leben im Alter in Zukunft beeinflussen, gehören:

- die demografische Alterung der Bevölkerung,
- der mit zunehmender Lebenserwartung steigende Bedarf an Pflege,
- die Zunahme alleinstehender älterer Menschen und Verringerung des Potenzials helfender Angehöriger.

Nach Prognoseberechnungen müsste sich unter gleichbleibenden Strukturbedingungen allein durch die demografische Entwicklung und den dadurch bedingten Anstieg des Bedarfs an Pflege die Zahl der Pflegeplätze in den nächsten Jahren verdoppeln. Dies ist nicht nur ökonomisch kaum zu bewältigen, sondern geht auch am Bedarf der meisten älteren und behinderten Menschen vorbei. Untersuchungen zu den Wohnwünschen im Alter bestätigen immer wieder, dass die Mehrheit älterer Menschen so lange wie möglich selbstständig in ihrer vertrauten Umgebung wohnen möchte. Und auch wenn sie auf Hilfe und Pflege angewiesen sind, wollen ältere Menschen nicht fremdbestimmt in Heimeinrichtungen leben, sondern möglichst ein selbstbestimmtes Leben führen. Das Heim als institutionalisierte Wohnform, die primär auf eine funktionelle Pflege ausgerichtet ist, stößt heute auf eine erheblich geringere Akzeptanz als noch vor einigen Jahrzehnten.

2. Anforderungen an ein zukunftsorientiertes Wohnangebot für ältere Menschen

Wenn die Zahl älterer hilfe- und pflegebedürftiger Menschen deutlich steigt, gleichzeitig aber immer weniger Pflegebedürftige eine Heimunterbringung akzeptieren und die Tragfähigkeit familiärer Netzwerke immer mehr abnimmt, werden alternative Wohn- und Betreuungsangebote zum Heim zu erproben und auszubauen sein. Eine Strukturveränderung der Altenhilfe in Richtung einer Stärkung der Rolle selbstbestimmten Wohnens ist notwendig und zwar nicht nur aus sozialen, sondern insbesondere auch aus ökonomischen Erwägungen. Eine zukunftsorientierte Umstrukturierung des Wohn- und Betreuungsangebotes sollte folgende Aspekte beachten:

2.1 Stärkung des normalen selbstständigen Wohnens in der eigenen Häuslichkeit

Weit über 90 % der älteren Menschen leben in „normalen" Wohnungen, und diese müssen auch in Zukunft die überwiegende Wohnform für ältere Menschen bleiben. Um den heutigen Anteil zu Hause lebender älterer Menschen in Zukunft zu halten, müssen jedoch allein wegen der demografischen Alterung erhebliche zusätzliche Anstrengungen unternommen werden. Es wird einerseits notwendig sein, die soziale Infrastruktur auszubauen und in diesem Kontext vor allem auch niederschwellige Alltagshilfen – kostengünstig – verfügbar zu machen. Andererseits müssen das räumliche Umfeld und die Wohnungen selbst in weit höherem Maße als bisher behinderten- und altersgerecht gestaltet werden.

2.2 Verbreitung und Weiterentwicklung neuer alternativer selbstständiger Wohnformen

Obwohl die Mehrzahl der Seniorinnen und Senioren in ihrer vertrauten Umgebung alt werden will, wird es in Zukunft einen wachsenden Teil älterer Menschen geben, die noch einmal umziehen wollen. Sie möchten mit einem solchen Umzug sicherstellen, dass sie auch im Alter möglichst lange selbstständig leben können. Sie erwägen einen Umzug, um in einer sozialen Gemeinschaft alt werden zu können oder wegen mehr Versorgungssicherheit. Ein entsprechendes Wohnangebot an gemeinschaftlichen und betreuten Wohnangeboten muss für diese Zielgruppe zur Verfügung gestellt werden. Dabei wollen die Interessenten an solchen Wohnformen vor allem auch dann dort wohnen bleiben, wenn sie pflegebedürftig sind. Dafür müssen solche alternativen selbstständigen Wohnformen weiterentwickelt werden.

2.3 Entwicklung und Verbreitung selbstbestimmter Wohnformen für Pflegebedürftige und demenziell erkrankte Menschen

Selbst bei einer verbesserten häuslichen Versorgung wird aber auch zukünftig eine erhebliche Zahl älterer Menschen nicht zu Hause gepflegt werden können, sei es wegen erhöhtem Pflege- und Betreuungsbedarf oder wegen mangelnder sozialer Einbindung. Bisher steht in solchen Fällen praktisch nur das Pflegeheim zur Verfügung. Dies hat bei der heutigen Struktur der meisten Pflegeheime vielfach den Verlust an Alltagsnormalität, sozialen Kontakten und Selbstbestimmung zur Folge. In Zukunft wird es notwendig sein, Wohnformen für Pflegebedürftige zu entwickeln und zu verbreiten, die sich anders organisieren. Zum einen werden sich die stationären Pflegeeinrichtungen selbst umstrukturieren müssen: intern in Richtung einer besseren sozialen Wohnqualität und extern hinsichtlich einer größeren Nähe und besseren Verknüpfung mit der Infrastruktur des Wohngebiets. Für Pflegebedürftige müssen aber auch Alternativen zum Heim entwickelt und verbreitet werden, die kleinteilig sind, auf unterschiedliche Bedarfe zielgenau abgestimmt werden können, eine hohe Betreuungsintensität sowie Alltagsnormalität gewährleisten und gleichzeitig ein hohes Maß an Eigenverantwortung und Selbstbestimmung ermöglichen.

2.4 Kleinräumige Organisation und Stärkung von Eigeninitiative sowie Förderung gegenseitiger Hilfe

Dabei gilt es in Zukunft nicht nur verschiedene Wohn- und Betreuungsangebote für unterschiedliche Bedarfslagen zu verbreiten und weiterzuentwickeln, sondern es gilt diese vor allem kleinräumig verknüpft in die Wohngebiete zu integrieren. Es müssen quartiersbezogene Wohnkonzept entwickelt werden. Diese Quartiersorientierung dient auch der Stärkung sozialer Netze. Die wachsende Zahl von älteren und vor allem hilfebedürftigen Menschen wird nicht allein durch professionelle Leistungsangebote und staatliche Unterstützungsleistungen versorgt werden können, sondern es wird in weitaus größerem Maße die Wahrnehmung von Eigenverantwortung und gegenseitiger Hilfe zu fördern sein. Eigeninitiative und gegenseitige Hilfe entwickeln sich aber nicht von alleine. Eine wichtige Voraussetzung dafür ist, dass die Altenhilfe ihre Aktivitäten vor allem dort konzentriert, wo Alt und Jung zusammenleben, nämlich in den „normalen“ Wohngebieten.

3. Neue Wohnangebote für ältere Menschen

Mit der Entwicklung eines zukunftsorientierten Wohn- und Betreuungsangebotes stehen wir nicht am Anfang. In den vergangenen 10-15 Jahren hat sich das Wohn- und Betreuungsangebot für ältere Menschen deutlich verändert. Die Wahlmöglichkeiten, im Alter „zu Hause“ zu bleiben oder in eine der traditionellen Sonderwohnformen wie z. B. das Heim oder eine Altenwohnungen umzuziehen, haben sich durch ein breites Spektrum an neuen Wohnangeboten für Seniorinnen und Senioren erheblich erweitert. Auch die Möglichkeiten, das eigene Zuhause altersgerecht zu gestalten, sind in den vergangenen Jahren verbessert worden.

- Zur Stärkung des normalen selbstständigen Wohnens in der eigenen Häuslichkeit sind *barrierefreie Wohnungen* gebaut worden und die *Wohnungsanpassung* und Wohnberatung ist verbreitet worden. Gleichzeitig wurde die ambulante Betreuung ausgebaut. Wir sind jedoch noch weit von einem flächendeckenden barrierefreien Wohnungsbau entfernt, und es gibt immer wieder Probleme mit der Finanzierung von Wohnberatungsleistungen. Die ambulante pflegerische Versorgung ist weitgehend gewährleistet, es fehlt aber häufig an einem bezahlbaren Angebot an niederschwelligen Dienstleistungen und der Koordination verschiedener Hilfeangebote vor Ort. Hier hat man in der Vergangenheit Konzepte wie das „Betreute Wohnen zu Hause" entwickelt, bei dem die älteren Menschen in ihrer eigenen Wohnung auf Betreuungsleistungen und Hausbesuche eines entsprechenden Anbieters zurückgreifen können. Dafür ist eine Betreuungspauschale zu entrichten. Ähnlich versuchen Projekte wie „*Wohnen für Hilfe*" solche niederschwelligen Dienstleistungen zu sichern.

Abbildung: SIMBA – Sicherheit im Alter – betreut zu Hause, Germering

- Auch eine Reihe von selbstständigen alternativen Wohnformen ist in den vergangenen Jahren entstanden. Das *Betreute Wohnen* bzw. *Service Wohnen* wurde Anfang der 90er Jahre mit einer Euphorie als die Wohnform der Zukunft betrachtet und hat sich quantitativ zur bedeutendsten neuen Wohnform entwickelt. Mittlerweile hat es eine Reihe von Entwicklungen durchgemacht und einige Erwartungen, die mit diesem Wohnkonzept verbunden waren, konnten nicht erfüllt werden (z. B. Wachstumsraten, erreichte Zielgruppe). Zu den selbstständigen alternativen Wohnformen gehören auch selbstorganisierte gemeinschaftliche Wohnformen wie selbstorganisierte *Wohn-*

und Hausgemeinschaften, Siedlungsgemeinschaften, Mehrgenerationenwohnen, Integriertes Wohnen. Hier hat sich eine differenzierte Projektlandschaft entwickelt, die vor allem angesichts des Rückgangs der familialen Versorgungsleistungen in Zukunft wichtige Alternativen sind.

Köln "Haus Mobile", 1997, 54 Personen

Abbildung: Haus Mobile, Köln

- Als Alternative zur bestehenden Heimversorgung haben sich sogenannte betreute Wohn- und Hausgemeinschaften entwickelt. Aufgrund der starken ordnungsrechtlichen Trennung haben sich in Deutschland zwei Varianten dieses Wohnkonzeptes etabliert. Stationär betriebene *Hausgemeinschaften* für Pflegebedürftige weisen mit ihrem Konzept der dezentralen Versorgung und der Schaffung von Alltagsvertrautheit in eine Richtung, wie die stationäre Altenhilfe in Zukunft den Wohnbedürfnissen älterer Menschen besser gerecht werden könnte. Die ambulante Version der betreuten *Wohngemeinschaften* wird meist von Angehörigeninitiativen oder ambulanten Diensten initiiert. Hier leben 6-12 schwer pflegebedürftige Bewohnerinnen und Bewohner in einer bestehenden Wohnung in normalen

Quartieren. Ambulante Dienste sichern bei Bedarf eine Rund-um-die-Uhr-Betreuung. Wesentliches Strukturmerkmal einer ambulant betreuten Wohngemeinschaft ist die Wahlfreiheit der Bewohnerinnen und Bewohner gegenüber den Dienstleistern.

Abbildung: Villa Hittorfstraße, Münster

- Die Entwicklung und Verbreitung von quartiersbezogenen Wohnkonzepten steht noch am Anfang. Quartiersbezogene Wohnkonzepte zielen auf eine Stärkung des selbstständigen Wohnens durch Schaffung altersgerechter Wohn- und Betreuungsangebote in den Quartieren. Weitere zentrale Bausteine quartiersbezogener Wohnkonzepte sind die Stärkung sozialer Netze sowie die Förderung von Eigenverantwortung und gegenseitigen Hilfen.

Abbildung: Nachbarschaftszentrum Meinolfstraße, Freie Scholle, Bielefeld

4. Ausblick: Rahmenbedingungen verändern

Insgesamt leben noch nicht so viele ältere Menschen in solchen neuen Wohnformen. Schätzungen gehen davon aus, dass ca. 200.000 bis 250.000 ältere Menschen solche neuen Wohnformen nutzen. Dies entspricht einer Versorgungsquote von 1,8 bis 2 % der 65-Jährigen und Älteren. Die noch geringe quantitative Bedeutung ist aber weniger auf ein mangelndes Interesse der Seniorinnen und Senioren zurückzuführen, sondern ergibt sich vor allem aus den Rahmenbedingungen, innerhalb derer diese Wohnangebote agieren müssen.

Die bestehenden Rahmenbedingungen erschweren zurzeit die Verbreitung und Weiterentwicklung dieser Wohn- und Betreuungsformen. In langwierigen Anpassungsprozessen müssen nicht selten bestehende rechtliche Regelungen auf sie zugeschnitten werden. Auch gibt es wenig Unterstützung bei der Planung und Umsetzung solcher Wohnprojekte. Spezielle Beratungsstellen oder Begleitgremien beim Aufbau gibt es kaum oder haben Finanzierungsprobleme. Häufig stoßen Initiatoren bei der Suche nach geeignetem Wohnraum auf Schwierigkeiten oder finden keine kooperationsbereiten Bauträger. Anschubfinanzierungen für die Entwicklung von Konzepten sind selten. Auf den verschiedenen Ebenen fehlt es an Informationen, wo die Leistungsmöglichkeiten, aber auch die Leistungsgrenzen solcher Wohn- und Betreuungsformen sind, wo man solche Projekte findet und wie man diese bedarfsgerecht umsetzen kann. Expertinnen und Experten sind sich einig, dass sich solche zukunftorientierten Wohnformen nur verbreiten werden, wenn diese Rahmenbedingungen erleichtert werden.

Literatur

Bertelsmann Stiftung/Kuratorium Deutsche Altershilfe: Leben und Wohnen im Alter, Band 1-6, Köln/Gütersloh, 2003-2006

Formelle und informelle Unterstützungsnetzwerke in unterschiedlichen Pflegesituationen - ein europäischer Vergleich

Daniel Lüdecke und Eva Mnich, Hamburg

Demografischer Wandel und Pflegebedürftigkeit

In Deutschland – wie in fast allen europäischen Ländern – ist eine demografische Entwicklung zu beobachten, die dazu führt, dass die Zahl älterer pflegebedürftiger Menschen zunimmt. Grund hierfür ist auf der einen Seite die Zunahme der Lebenserwartung, ausgelöst durch eine Abnahme der Säuglingssterblichkeit, den medizinischen Fortschritt und eine allgemeine Verbesserung der Lebensbedingungen (Ernährung, Hygiene ...). Auf der anderen Seite ist in Europa eine Abnahme der Geburtenraten zu verzeichnen. In ganz Europa liegen die Geburtenraten unter der Nettoreproduktionsrate von 2,1 Kindern pro Frau, wobei zurzeit Italien mit 1,3 Kindern das Schlusslicht bildet. Die Konsequenz aus dieser gegenläufigen Entwicklung von Lebenserwartung und Geburtenrate ist die sogenannte „Alterung der Gesellschaft". Die absolute Anzahl älterer Menschen nimmt zu, aber auch ihr relativer Anteil in der Gesellschaft, d. h. ihr Anteil im Verhältnis zu den jüngeren Generationen, wird größer. Es wird in Zukunft immer mehr ältere Menschen mit Pflegebedarf geben und gleichzeitig immer weniger Menschen in den nachfolgenden Generationen und damit auch weniger Familienangehörige, die die Pflege übernehmen können.

Wie stark die Gruppe der Pflegebedürftigen zunehmen wird, zeigt eine einfache Vorausberechnung des Statistischen Bundesamtes (2005). In diesem einfachen Modell werden die aktuellen Pflegequoten auf die veränderte Bevölkerungsstruktur in der Zukunft (im Jahre 2020) übertragen. Bei dieser Vorausberechnung steigt die Zahl der pflegebedürftigen Menschen in Deutschland von 2,04 Mio. im Jahre 2001 auf 2,83 Mio. im Jahre 2020.

Ein Blick auf die häuslichen Pflegearrangements zeigt, dass heute in 92% der Fälle familiale Hilfen für die Pflege erbracht werden. Mehr als die Hälfte (64 %) sind dabei rein private Arrangements, während in 28% der Fälle private und professionelle Unterstützung geleistet wird. Nur ein geringer Anteil von 8 % wird ausschließlich durch professionelle Pflege abgedeckt (Schneekloth/Wahl 2005).

Einführung in die EUROFAMCARE-Studie

Um die Situation pflegender Angehöriger älterer Menschen in Deutschland und in einigen europäischen Ländern stärker in den Blick zu nehmen, wurde in den Jahren 2003 bis 2006 das europäische Projekt EUROFAMCARE durchgeführt. Im Rahmen dieses Projektes wurden in sechs europäischen Ländern (Deutschland, Italien, Griechenland, Polen, Schweden und Großbritannien) jeweils 1.000 pflegende Angehörige älterer Menschen (über 65 Jahre) in persönlichen Interviews befragt. Bei den Interviews ging es insgesamt um die Lebenssituation der pflegenden Angehörigen, wobei auf Existenz, Erreichbarkeit und Nutzung von Unterstützungsmöglichkeiten sowie auf Hilfen und Hindernissen bei der Inanspruchnahme von Diensten/Angeboten ein besonderer Schwerpunkt lag.

Methodik

Die Befragung wurde mit Hilfe eines standardisierten Erhebungsprotokolls durchgeführt, das die Auswahl der Untersuchungseinheiten, die Rekrutierung und die Datensammlung in den einzelnen Ländern strukturieren sollte. Damit sollte gewährleistet werden, dass die Untersuchungseinheiten aus den verschiedenen Ländern möglichst vergleichbar sind. Um vergleichbare Ergebnisse auf europäischer Ebene zu erhalten, haben wir eine Subgruppenbildung vorgenommen, indem wir typische Pflegesituationen konstruierten. Im Folgenden zeigen wir zunächst einige Ergebnisse der deutschen Teilstudie.

Pflegearrangements in Deutschland – formelle und informelle Unterstützungsnetzwerke

Die Hilfen aus den formellen und informellen Netzwerken leisten entscheidende Beiträge zur Stabilität von häuslichen Pflegearrangements. Dabei sind es insbesondere die (Schwieger-)Kinder, die ihre (Schwieger-) Eltern pflegen, die auf informelle Unterstützung angewiesen sind, da diese Generation oftmals einer mehrfachen Rollenbelastung ausgesetzt ist (vgl. Lüdecke et al. 2007). So müssen pflegende Töchter häufig neben der Pflege auch noch den Haushalt und die Kindererziehung managen und mitunter die Pflege mit der Berufstätigkeit vereinbaren. Pflegende Söhne trifft hier vor allem die Vereinbarkeit von Beruf und Pflege stärker, da sie überwiegend die Rolle des Hauptverdieners innehaben. Veranschaulicht werden soll dies am Beispiel der Unterstützung des Pflegebedürftigen im Bereich der basalen Aktivitäten des täglichen Lebens (Waschen, Anziehen, Essen, zur Toilette gehen ...). Im Vergleich zu den pflegenden Kindern betreuen deutlich mehr Ehepartnerinnen und Ehepartner Angehörige, die bei basalen Aktivitäten auf vollständige Hilfe angewiesen sind. Während sich hinsichtlich der Inanspruchnahme professioneller Dienste kaum Unterschiede zeigen, greifen aber fast doppelt so viele pflegende Kinder auf die Unterstützung aus informellen Netzwerken zurück wie Ehepaare (Tabelle 1).

Wer hilft im Bereich körperlicher Unterstützung?	Pflegende Ehepartner (n = 169)	Pflegende Kinder (n = 480	p (2-seitig)
Pflegende/r selbst	89,9	82,5	*
Informelle Unterstützung	16,0	27,9	***
Professionelle Hilfen	33,7	36,7	n.s.

Tabelle 1: Körperbezogene Unterstützung, nach Generationenverhältnis (in Prozent, Mehrfachnennungen möglich)

Während sich bei der Inanspruchnahme professioneller Hilfen nur geringe Unterschiede zeigen, werden informelle Hilfen von den Männern intensiver genutzt als von den Frauen (Tabelle 2). Männer scheinen also mit den Betreuungsanforderungen anders umzugehen. Vermutlich delegieren sie eher und beschränken sich auf organisatorische Aufgaben zur Unterstützung der Pflege, sind vielleicht auch schneller bereit, Hilfe anzunehmen (vgl. Reichert/Maly-Lukas 2002). Es könnte auch vermutet werden, dass sich Männer leichter auf die Betreuungsrolle einlassen, wenn sie sich in einem familialen Unterstützungsnetz mit weiteren Hilfspersonen befinden.

Wer hilft im Bereich körperlicher Unterstützung?	**(Schwieger-) Töchter (n = 379)**	**(Schwieger-) Söhne (n = 102)**	**Ehefrauen (n = 139)**	**Ehemänner (n = 49)**	**P (2-seitig)**
Pflegende/r selbst	84,4	75,5	91,7	85,7	**
Informelle Unterstützung	24,8	39,2	14,2	20,4	***
Professionelle Hilfen	37,0	35,3	35,8	28,6	n.s.

Tabelle 2: Körperbezogene Unterstützung, nach Generationenverhältnis und Geschlecht (in Prozent, Mehrfachnennungen möglich)

Charakteristika von Pflegesituationen – Welche Faktoren beeinflussen die Stabilität der häuslichen Pflege?

Zunächst geht es darum, ob die Pflegesituation die subjektiv wahrgenommene Lebensqualität und das Wohlbefinden Pflegender beeinflusst. In zahlreichen Studien (vgl. Barinaga 1998; Pinquart/Sorensen 2003; Marshall 2001) konnte nachgewiesen werden, dass die Belastungen, die aus der Pflege resultieren, zu gesundheitlichen Konsequenzen wie Depressionen und Ängsten führen können.

Eine zusätzliche Belastung kann auch entstehen, wenn über die Pflegeleistungen hinaus materielle Unterstützungen geleistet werden müssen (vgl. Covinsky et al. 1994). Darüber hinaus spielt die Möglichkeit, eine Auszeit von der Pflege zu nehmen bzw. bei Krankheit eine Person zu haben, die die Pflege übernehmen kann, eine große Rolle. Hier spiegelt sich nicht nur die Belastung wider, sondern auch das Ausmaß an sozialer Unterstützung, das für pflegende Angehörige verfügbar ist und einen erheblichen Einfluss auf das Wohlbefinden haben kann. Die Tatsache, ob man die häusliche Pflege mit einer Erwerbstätigkeit verbinden muss, kann ebenfalls dazu beitragen, die Belastungen zu verstärken, und die psychische und physische Gesundheit pflegender Angehöriger beeinflussen. Häufig ist die Vereinbarkeit von Pflege und Beruf nur zu realisieren, wenn Arbeitszeiten reduziert werden, was wiederum Einkommenseinbußen und verringerte Karrierechancen zur Folge haben kann (vgl. Dallinger 1997). Auch die Wohnsituation ist von Bedeutung. Leben Pflegende und ihre pflegebedürftigen Angehörigen in einem Haushalt, so wird oft von einer Rund-um-die-Uhr-Verfügbarkeit ausgegangen. Das heißt, soziale Aktivitäten außer Haus, die Möglichkeit zu entspannen oder Freundinnen und Freunde zu treffen sind in solchen Fällen häufig eingeschränkt. Dies kann dazu führen, dass pflegende Angehörige zunehmend sozial isoliert werden. Auch die Generationenzugehörigkeit spielt für die Pflegesituation eine große Rolle. Bei unterschiedlichen Generationen spiegeln sich in Ansprüchen, Erwartungen und Vorstellungen auch unterschiedliche generationsspezifische Erfahrungen wider (vgl. Mannheim 1964, Höpflinger 2004), die als Konfliktpotenzial auftreten können. Die gesundheitlichen Einschränkungen der gepflegten älteren Person sind ein weiterer wichtiger Faktor, der in der Analyse nicht fehlen darf. Insbesondere die Pflege von demenziell eingeschränkten Personen stellt hohe Anforderungen an die pflegenden Angehörigen und ist oft verbunden mit extremen physischen und psychischen Anstrengungen (vgl. Kofahl et al. 2008). Schließlich spielt auch die Dauer der Pflege eine Rolle. Häufig stellen sich besonders die ersten beiden Jahre der Pflegeübernahme, in denen sich Routinen noch nicht eingespielt haben und die Situation für alle Beteiligten neu ist und neu definiert werden muss, eine besonders belastende Phase dar.

Auf der Grundlage dieser Überlegungen haben wir einen Variablensatz ausgewählt (vgl. Abbildung 1), der es ermöglicht, die einzelnen genannten Aspekte in die Analyse einzubeziehen.

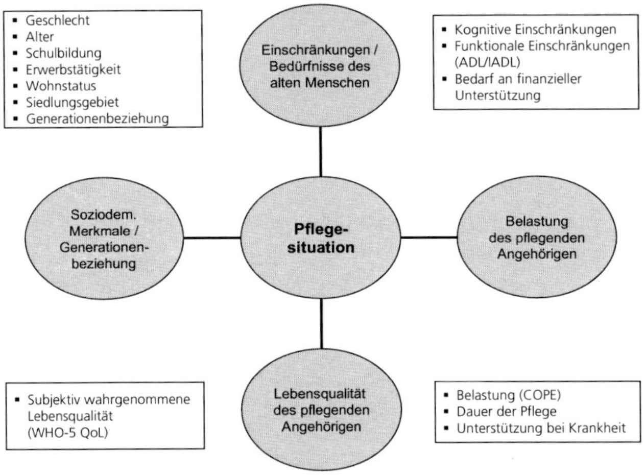

Abbildung 1: Charakteristika einer Pflegesituation

Unterstützung durch formelle und informelle Helfer in den unterschiedlichen Pflegesituationen in Europa

Mit Hilfe einer Clusteranalyse[1] konnten sechs Pflegesituationen (im Folgenden auch als Cluster bezeichnet) ermittelt werden. Die erste Pflegesituation zeichnet sich durch eine hohe subjektiv empfundene Belas-

1 Unter einer Clusteranalyse versteht man ein multivariates Verfahren, das es ermöglicht, aus einer Vielzahl von Variablen Gruppen mit ähnlichen (bzw. unähnlichen) Eigenschaften oder Eigenschaftsausprägungen zu analysieren. Dabei werden die Gruppen so zusammengefasst, dass innerhalb der Gruppen die Objekte möglichst ähnlich und zwischen den Gruppen möglichst unähnlich sind. Zu den methodischen Voraussetzungen und zur Vorgehensweise vgl. Bacher o. J.

tung der Pflegenden aus. Tatsächlich sind hier die Einschränkungen der gepflegten Person sowohl auf der funktionalen als auch der kognitiven Ebene sehr ausgeprägt. Das heißt, nicht nur subjektive, sondern auch objektive Belastungen sind hoch. In diesem Cluster finden wir überwiegend pflegende (Schwieger-)Töchter, die allerdings neben der Pflege keiner Erwerbstätigkeit nachgehen. Das zweite Cluster zeigt in Bezug auf die Belastungen die gleichen Charakteristika, hier jedoch sind die pflegenden Frauen eher erwerbstätig und verfügen über einen höheren Bildungsabschluss. Beide Cluster sind in etwa gleich groß. Cluster 3 und 4 bilden die pflegenden (Ehe-)Paare ab, die in der Regel auf eine längere Pflegekarriere zurückschauen und in einem gemeinsamen Haushalt leben. Dabei sind die pflegenden Ehefrauen konstitutiv für das dritte Cluster, während das vierte Cluster von den pflegenden Ehemännern dominiert wird. Auch in diesen beiden Gruppen sind die subjektiven und objektiven Belastungen hoch, allerdings nicht so stark ausgeprägt wie in Cluster 1 und 2. Schließlich bilden das fünfte und sechste Cluster zwei Gruppen, in denen die subjektiv empfundene Belastung vergleichsweise gering ausfällt. Interessanterweise sind dabei im fünften Cluster jedoch die objektiven Belastungen insbesondere durch funktionale Einschränkungen der gepflegten Person hoch. Diese Gruppe kann – wenn sie eine Auszeit braucht – auf andere Personen in ihrem Netzwerk zurückgreifen. Möglicherweise ist dies ein Aspekt, der für die bessere Lebensqualität trotz hoher Belastungen in dieser Gruppe verantwortlich ist. Das sechste und größte Cluster in unserer Analyse hingegen zeichnet sich dadurch aus, dass hier die subjektiv geringer empfundene Belastung auch mit geringen funktionalen und kognitiven Einschränkungen einhergeht. Auch diese Pflegenden haben Unterstützung und die Situation erlaubt es (noch?), die Pflege mit einer Erwerbstätigkeit zu verbinden.

Unterschiede in den verschiedenen europäischen Ländern

Mit der Bildung der einzelnen Cluster ist es nun möglich, die Inanspruchnahme von formeller und informeller Unterstützung im europäischen Vergleich genauer zu betrachten. In unserer Befragung haben wir die pflegenden Angehörigen danach gefragt, in welchen Bereichen Unterstützungsbedarf besteht und wer diesen Bedarf abdeckt. Aus diesen unterschiedlichen Bereichen möchten wir drei herausgreifen, in denen ein relativ hoher Unterstützungsbedarf geäußert wurde. Dies ist die Hilfe im Haushalt, emotionale und soziale sowie körperliche und persönliche Unterstützung. Darüber hinaus möchten wir drei Pflegearrangements nicht weiter betrachten. Dies sind die pflegenden Paare, da einerseits die Frauen in dieser Gruppe grundsätzlich sehr hohe Eigenanteile bei der Pflege aufweisen und weniger fremde Unterstützung eingeholt wird sowie andererseits die pflegenden Ehemänner ebenfalls stark selbst in der Pflege engagiert sind und gleichzeitig häufiger professionelle Dienste in Anspruch nehmen. Auch die Gruppe mit wenig objektiver und subjektiver Belastung soll hier vernachlässigt werden, da sie generell in allen Bereichen weniger Bedarf angemeldet hat. Somit verbleiben drei Pflegesituationen, die hier von Interesse sind: die beiden Gruppen mit hoher subjektiver und objektiver Belastung, die sich durch die Erwerbstätigkeit der pflegenden (Schwieger-)Töchter unterscheiden, sowie die Gruppe mit hoher objektiver Belastung bei gleichzeitig vergleichsweise guter Lebensqualität.

Bezogen auf benötigte Hilfe im Haushalt zeigt sich insgesamt, dass mit zunehmender Ausgestaltung der Sozialsysteme und Verfügbarkeit von Diensten die Anteile anderer informeller Hilfen sinken und die der professionellen Dienste ansteigen. Schweden mit einem gut ausgebauten Angebot an formeller Unterstützung zeigt hier die geringsten Anteile an informellen Helferinnen und Helfern. Italien weist zunehmend höhere Anteile an professionellen Diensten auf, während beim mediterranen Partner Griechenland kaum professionelle Angebote verfügbar sind. In Bezug auf die unterschiedlichen Pflegesituationen wird deutlich, dass in allen Ländern die Erwerbstätigkeit der Pflegenden mit einer Verringerung des Eigenanteils bei der Pflege und einem stärkeren Einbezug von formeller und informeller Hilfe einhergeht. Einzig in Polen scheint dies nicht der Fall zu sein.

Geht es um emotionale und soziale Unterstützung, sind die pflegenden Angehörigen in allen Ländern stärker eingebunden. Dennoch zeigen sich auch hier hohe Potenziale an informeller Unterstützung. Wenngleich die

Systemunterschiede erhalten bleiben, wird deutlich, dass diese Form der Unterstützung eher von der Hauptpflegeperson und anderen informellen Helferinnen und Helfern als von professionellen Diensten übernommen wird. Ihr Anteil bleibt in allen Ländern unter denen der informellen Hilfen.

Im letzten Bereich, der Pflegetätigkeiten im engeren Sinne umfasst, bleibt die Systemfolge ebenfalls erhalten. Deutlich wird aber auch, das in allen Ländern in der Gruppe der pflegenden Angehörigen, die zwar objektiv hoch belastet sind, aber subjektiv von gutem Wohlbefinden berichten, der Anteil an informeller Unterstützung immer höher ausfällt. Dies gilt insbesondere in den Ländern Italien, Griechenland und Polen und mit einigen geringen Unterschieden auch in Deutschland und Großbritannien. Einzig Schweden zeigt hier ein gegenteiliges Bild.

Während also für die Bewältigung der Pflege weitaus weniger professionelle Hilfen in Anspruch genommen werden, ist die Verfügbarkeit eines informellen Netzwerkes wichtiger Aspekt zur Steigerung der Lebensqualität von pflegenden Angehörigen. Darüber hinaus sind in den Ländern professionelle Angebote in unterschiedlicher Ausgestaltung vertreten. Während Deutschland, Großbritannien und insbesondere Schweden über eine vergleichsweise gute Infrastruktur verfügen, sind die Angebote in Italien, Griechenland und Polen nur gering vorhanden.

Ausblick

Die Analyse hat gezeigt, dass informelle Unterstützungsnetzwerke neben den professionellen Angeboten wichtige Säulen der Stabilität häuslicher Pflege darstellen. In Zukunft wird es aufgrund möglicherweise zurückgehender Pflegepotenziale notwendig sein, die pflegenden Angehörigen und ihre Unterstützerinnen und Unterstützer zu stärken. Ein wichtiger Schritt in diese Richtung ist die öffentliche Anerkennung pflegender Angehöriger und die gesellschaftliche Wertschätzung ihres Beitrags zur Erhaltung der sozialen Sicherungssysteme. Dazu bedarf es u. a, vermehrter politischer Wahrnehmung der Bedürfnisse Pflegender, um strukturelle Rahmenbedingungen für die Stabilität häuslicher Pflegearrangements zu schaffen und auszubauen. Um pflegende Angehörige politisch zu stärken, sind nationale und internationale Interessenvertretungen notwendig. Für die europäische Ebene wurde dies mit der Vereinigung EUROCARERS realisiert. In einigen europäischen Ländern gibt es auch auf nationaler Ebene entsprechende Verbände (wie bspw. Irland, Großbritannien, Schweden, Finnland, Frankreich und einige andere). In Deutschland ist es erst in jüngster Zeit mit dem Verein „Wir pflegen e. V." gelungen, eine derartige Organisation zu etablieren.[2]

Literatur

Bacher, J. (o. J.): Clusternanalyse. Anwendungsorientierte Einführung. München/Wien: Oldenburg

Barinaga, M. (1998): Caregivers need healing, too. In: Science 282, 1031-1032

Covinsky, K. E.; Goldman, L.; Cook, E.F.; Oye, R.; Desbiens, N.; Redding, D. (1994): The impact of serious illness on patients' families. SUPPORT Investigators. Study to Understand Prognoses and Preferences for Outcomes and Risks of Treatment. In: JAMA, 272(23), 1839-44

Dallinger, U. (1997): Erwerbstätige Pflegepersonen älterer hilfe- und pflegebedürftiger Menschen in der Bundesrepublik Deutschland: Partizipation im und Ausscheiden aus dem Erwerbsleben. Sekundäranalyse der Studie „Möglichkeiten und Grenzen der selbständigen Lebensführung". In: Beck, B.; Naegele, G.; Reichert, M.; Dallinger, U. (Hrsg.): Vereinbarkeit von Erwerbstätigkeit und Pflege. Schriftenreihe des BMFSFJ, Band 106, Stuttgart: Kohlhammer Verlag

Höpflinger, F. (1999): Generationenfrage. Konzepte, theoretische Ansätze und Beobachtungen zu Generationenbeziehungen in späteren Lebensphasen. Lausanne: INAG

[2] Weitere Informationen hierzu gib es im Internet unter www.eurocarers.org sowie www.wir-pflegen.net

Kofahl, C.; Arlt, S.; Mnich, E. (2008): „In guten wie in schlechten Zeiten...“ – Zu den Unterschieden und Gemeinsamkeiten von pflegenden Ehepartnern und anderen pflegenden Angehörigen in der deutschen Teilstudie des Projektes EUROFAMCARE. In: Zeitschrift für Gerontopsychologie und -psychiatrie, Volume 20, Nr. 4, 211-225

Lüdecke, D.; Mnich, E.; Melchiorre, M.G.; Kofahl, C. (2007): Familiale Pflege älterer Menschen in Europa unter einer Geschlechterperspektive. In: Zeitschrift für Frauenforschung und Geschlechterstudien, 2+3/2006, 85-101

Mannheim, K. (1964, zuerst 1928): Das Problem der Generationen. In: Mannheim, K.: Wissenssoziologie. Auswahl aus dem Werk. Berlin/Neuwied: Luchterhand

Marshall, M. (2001): The challenge of looking after people with dementia. In: BMJ, 323, 410-411

Pinquart, M.; Sorensen, S. (2003): Associations of stressors and uplifts of caregiving with caregiver burden and depressive mood: A meta analysis. In: J Gerontol B Psychol Sci, 58B, 453-460

Reichert, M.; Maly-Lukas, N. (2002): Gesundheitsgefährdungen, Erkrankungen und Ressourcen von pflegenden Angehörigen in NRW. – Expertise – vorgelegt der Enquetekommission „Zukunft einer frauengerechten Gesundheitsversorgung in NRW“ des Landtages Nordrhein-Westfalen

Schneekloth, U.; Wahl, H. W. (Hrsg.) (2005): Möglichkeiten und Grenzen selbständiger Lebensführung in privaten Haushalten (MuG III) – Repräsentativbefunde und Vertiefungsstudien zu häuslichen Pflegearrangements, Demenz und professionellen Versorgungsangeboten. Integrierter Abschlussbericht im Auftrag des Bundesministeriums für Familie, Senioren, Frauen und Jugend. München: Eigenverlag

Statistisches Bundesamt (2005): 2. Bericht: Pflegestatistik 2003 – Pflege im Rahmen der Pflegeversicherung – Ländervergleich Pflegebedürftige. Bonn: Statistisches Bundesamt

Ältere Menschen mit Behinderungen und Internet – Gefahr der gesellschaftlichen Exklusion durch neue Technologien und Möglichkeiten der Stärkung der Inklusion durch PC-Schulungen und internetgestützte Gruppenarbeit

Carmen Stadelhofer und Christian Carls

Wachsende gesellschaftliche Bedeutung des Internets

Die Bedeutung des Internets in unserer Gesellschaft hat sich in den letzten Jahren grundlegend gewandelt. Heute gibt es keinen gesellschaftlichen Bereich mehr, in dem das Internet nicht Einzug gehalten hat. Dies wirkt sich direkt und indirekt auf den Lebensalltag jedes Einzelnen wie auf die Gesamtgesellschaft aus. Davon betroffen ist auch die stark wachsende Gruppe der älteren Menschen. E-Commerce, E-Government, E-Banking sind beispielhafte Schlüsselbegriffe für diese Veränderungen. Auch der (Weiter-)Bildungsbereich hat sich durch die neuen Techniken entscheidend verändert, Informationen werden weltweit per Internet von Wikipedia, Bibliotheken und Datenbanken bezogen. Zunehmend gibt es virtuelle Weiterbildungsangebote von Universitäten und Volkshochschulen. Dazu gehören Angebote im Sinne des „blended learning" (Kombination von virtuellem und Präsenzlernen), virtuelle Netzwerke etc. Aufgrund der gesellschaftlichen und technischen Entwicklungen ist der Erwerb von Kenntnissen im Umgang mit dem Internet und den verschiedenen Anwendungsfeldern dabei, sich wie Lesen, Schreiben und Rechnen als eine neue Kulturtechnik zu etablieren. Die neuen Medien und insbesondere das Internet sollten daher auch für bisher internetdistante ältere Menschen attraktiv gemacht werden.

Seniorinnen/Senioren und Internet

Ein breiter Forschungsbefund in Deutschland und Europa verweist darauf, dass die Bereitschaft, sich die neuen Medien im Alter technisch zu erschließen und sie interaktiv zu nutzen, sehr unterschiedlich ist. Unterschiedlich sind auch die Voraussetzungen, überhaupt Zugang zu den neuen Medien zu bekommen (Stadelhofer/Marquard 2004). Die ARD/ZDF-Onlinestudie 2008 (www.ard-zdf-onlinestudie.de) beschreibt für Deutschland für die Gruppe der 50- bis 59-Jährigen eine gelegentliche Onlinenutzung von 65,7 %, hingegen für über 60-Jährige einen bundesweiten Durchschnitt von 26,4 %. Der (N)Onliner-Atlas 2008 (www.nonliner-atlas.de) weist bei über 50-Jährigen bundesweit 40,3 % Onliner aus, Frauen nutzen das Internet weniger als Männer. Über 50 % der Älteren begründen ihre Internetdistanz mit der Aussage „Ich habe keinen Nutzen davon“ (http://epp.eurostat.ec.europa.eu). Besonders interessant ist in diesem Zusammenhang, dass laut der Studie des (N)Onliner-Atlas 2004 in der Gruppe der „klassisch Kulturorientierten“, zu denen v. a. Ältere gehören, nur 9 % Onliner waren. Sie werden jedoch für eine der Schwellengruppen der „Interessierbaren“ gehalten. Ihre Aneignung von Internet-Kompetenzen wird in dem Maße erfolgen, wie die Anwendungsformen zielgruppensensibel, themen- wie interessenbezogen vermittelt und die kommunikative wie soziale Dimension der Internetnutzung erlebbar gemacht werden. Menschen mit Behinderungen werden in diesen Studien nicht extra ausgewiesen.

Menschen mit Behinderungen – besonders von der digitalen Spaltung bedroht?

Menschen mit Behinderungen erreichen ein immer höheres Alter. Zugleich steigt mit dem Alter das Risiko für chronische Erkrankungen und das Erwerben von Mehrfachbehinderungen. Nach Daten des statistischen Bundesamtes lebten Ende 2003 in Deutschland 6.639.000 Menschen mit einer Schwerbehinderung. Über die Hälfte (52 %) der Betroffenen sind über 65 Jahre alt. In einer Mannheimer Studie zur Mobilität älterer Menschen über 55 aus dem Jahr 2000 gaben 36 % der Befragten an, wichtige Einrichtungen aus allgemeinen gesundheitlichen Gründen nicht erreichen zu können. Die explorative Studie bestätigt im Trend vergleichbare Studien aus anderen europäischen Ländern (Mollenkopf 2005). Im Hintergrund stehen unterschiedliche Gehbehinderungen, aber auch Gleichgewichtsstörungen, Ängste und vielfältige Mobilitätsbarrieren in der Umwelt (Verkehr, Sicherheit usw.).

Wahrnehmung, Bedeutung und Auswirkungen von Behinderungen stehen in engem Zusammenhang mit Lebenskontexten und sich wandelnden Anforderungen der Umwelt. Durch die Verbreitung und zunehmende Bedeutung von PC und Internet in den letzten 15 Jahren haben sich Wege der Informationsvermittlung, Kommunikationsmöglichkeiten und Kommunikationsgewohnheiten vieler Menschen verändert. Noch ist nicht abzusehen, welche Auswirkungen die „digitale Revolution“ auf das Alltagsleben aller Menschen und ihr Zusammenleben hat. Sicher ist jedoch, dass Menschen ohne Zugang zu den neuen Techniken mehr und mehr auch den Zugang zu Informationen, preisgünstigen Produkten und wichtigen Teilen der sozialen und gesellschaftlichen Kommunikation verlieren. Dazu gehören insbesondere Menschen mit geringem Einkommen, ältere Menschen und Menschen mit Behinderungen. Diese Entwicklung wird als „Digital Divide“, als Digitale Spaltung der Gesellschaft, diskutiert. Durch Informations- und Qualifizierungskampagnen, die sich insbesondere an ältere Menschen richteten, wurde in den letzten Jahren versucht, diese Kluft etwas zu schließen, zumindest, was rudimentäre PC- und Internetanwendungen betrifft. Dennoch sind europaweit bisher nur ca. 40 % der Menschen älter als 60 Jahre am Netz!

Bei Projekten zur Erschließung des Internets für ältere Menschen wurde und wird immer wieder auf den besonderen Nutzen von PC- und Internetanwendungen bei Mobilitätsbeeinträchtigungen und auch bei anderen Behinderungen hingewiesen. Für bestimmte Arten von Behinderungen (v. a. Sehbeeinträchtigungen) wurden durch Modellprojekte spezielle technische Anwendungen (barrierefreies Internet) und pädagogisch-didaktische Zugänge entwickelt. Ein Beispiel ist das Projekt „Herausforderung e-Inclusion: Einbindung von Menschen mit Lernbehinderung in die Wissensgesellschaft“.

Der Nutzen des Internets kommt jedoch vor allem jenen Behinderten zugute, die im jüngeren Alter den Umgang mit PC und Internet erlernen, sei es, indem sie Kurse oder sonstige Angebote besuchen oder Selbstlernprogramme nutzen. Ältere Menschen ohne PC-Erfahrung, die bereits durch Behinderung, Erkrankung oder Pflege von Angehörigen wenig mobil sind, haben oft keine Chance, Kurse zu besuchen und den Umgang mit PC und Internet zu erlernen. Das gilt in verschärfter Weise für Menschen mit Mehrfachbehinderungen.

Nutzen des Internets für Menschen mit Behinderungen

Der mögliche Nutzen von PC und Internet für ältere Menschen mit Behinderungen soll in folgenden Bereichen illustriert werden:

Auswirkungen von PC-Schulungen auf motorische und geistige Fähigkeiten

Eine Motivation, den Umgang mit PC und Internet zu erlernen, besteht in dem Wunsch, geistige Fähigkeiten zu trainieren. Für alte Menschen mit motorischen Einschränkungen ist oft bereits der Umgang mit der Maus und die damit verbundene Koordinationsleistung eine große Herausforderung. In einer an der Berliner Charité durchgeführten Studie unter dem Titel „Berlin bleibt fit" wurden die Auswirkungen von PC-Unterricht auf die Denkleistungen älterer Menschen untersucht. Teilnehmende waren 230 ältere Menschen zwischen 70 und 93 Jahren. Eine Teilgruppe traf sich über sechs Monate dreimal pro Woche für einen PC-Einstiegskurs. Zu Beginn und am Ende der sechs Monate wurden Tests zu Denkleistungen durchgeführt. Eine andere Gruppe gleichen Alters machte nur die Tests mit, ohne an den Computerschulungen teilzunehmen. Das Ergebnis: Die Teilnehmerinnen und Teilnehmer der PC-Schulungen schnitten wesentlich besser ab als die Teilnehmenden der Kontrollgruppe. Dabei hatten die Tests keinen nahen Zusammenhang zu PC-Kenntnissen. Geprüft wurde vielmehr zum Beispiel die Fähigkeit zum Nacherzählen einer Geschichte oder die Fähigkeit, unterschiedliche Aufgaben parallel zu lösen (www.charite.de/berlin-bleibt-fit).

Stärkung von Information und Kommunikation

PC-Schulungen machen nur Sinn, wenn sinnvolle Nutzungsmöglichkeiten von PC und Internet vermittelt werden. Dazu gehören – insbesondere für die Zielgruppe mobilitätsbeeinträchtigter älterer Menschen – die Unterstützung virtueller Kommunikation mit Verwandten, Freunden, Bekannten und die Möglichkeit, neue Menschen über das Internet kennenzulernen. Durch die Reichweite und die Ermöglichung kleinschrittiger Kontaktaufnahme bietet das Internet ein neuartiges, besonderes Potenzial zum Austausch über unterschiedlichste Themen und zum Kennenlernen neuer Menschen. Selbsthilfegruppen im Internet können für Behinderte neue soziale Kontakte ermöglichen, die für den Umgang und die Verarbeitung der persönlichen Einschränkungen bedeutsam sein können. Für weiterbildungsinteressierte Menschen mit Mobilitätseinschränkung bietet das Internet durch die Möglichkeiten der Recherche, Aufnahme von Kontakten und virtuellen Kooperation mit Gleichinteressierten in themenspezifischen Foren, Lerngruppen und Netzwerken neue selbstbestimmte Wege der Inklusion und gesellschaftlichen Partizipation.

„Gemeinsam lernen übers Netz“ – Kooperation und Netzwerkbildung

In dem Modellprojekt der Bund-Länder-Kommission „Gemeinsam lernen übers Netz“, das das ZAWiW der Universität Ulm konzipierte und von 2000 bis 2005 im Sinne der Aktionsforschung durchführte, wurden Möglichkeiten internetgestützter Gruppenarbeit mit älteren Menschen erfolgreich erprobt. An dem Projekt beteiligten sich über 500 weiterbildungsinteressierte ältere Erwachsene sowie auch Schülerinnen und Schüler aus ganz Deutschland, dazu einige Gruppen und Schulklassen. Das Projekt hatte zum Ziel, dass sich ältere Erwachsene unabhängig von ihrem Wohnort mit altersgleichen oder jüngeren Menschen über das Internet zu Themen ihres Interesses austauschen und im Sinne des „Forschenden Lernens“ zusammenarbeiten. Sie sollten dabei etwas über Wissen, Erfahrungen und Einstellungen der anderen in einem definierten Kontext – dem gewählten Thema – erfahren. Austausch von Wissen und

Diskussion via Internet sollten dazu verhelfen, den eigenen Wissensstand zu erweitern und sich zu ausgewählten gesellschaftlichen und kulturellen Fragestellungen zu positionieren. Gleichzeitig zielte das Projekt darauf ab, dass die Teilnehmenden zur aktiven Internetnutzung hingeführt und technische Grundkenntnisse aktiviert und ausgebaut werden. Die Teilnehmenden fanden sich bei „Gemeinsam lernen übers Netz" über eine Mailingliste zu Lerngruppen zusammen, wo sie sich über eine kürzere oder längere Zeit gemeinsam mit einem Themenschwerpunkt ihres Interesses beschäftigten. Sie recherchierten im Netz nach relevanten Informationen, diskutierten in Forum und Chat, tauschten ihre Ergebnisse untereinander aus, und machten über die Internet-Plattform www.gemeinsamlernen.de den Arbeitsprozess und die Ergebnisse ihrer Recherche öffentlich zugänglich. Die Gruppenmitglieder konnten Websites zu ihren unterschiedlichen Lernprojekten in Teilen oder in Gänze selbst erstellen und verwalten.

Zu Beginn wurden die virtuellen Lernprojekte vom Projektträger initiiert und moderiert. Dann wurden die Themen und die Moderation zunehmend von den Teilnehmenden selbst vorgeschlagen sowie die Bearbeitungsstrategien der Kooperation gemeinsam entwickelt und festgelegt. Im Verlauf des Projekts wurden unterschiedliche Lernkurstypen erprobt, es entstanden vier thematische Lernkurse, 14 virtuelle Lerngruppen sowie zwei eigenständige regionale virtuelle Lernprojekte zu interessanten Themen wie „Heimat und Fremde", „Geschlechterrollen", „Klimawandel" oder „Alt und Jung". Zentraler Bestandteil des Konzepts war die Verknüpfung von realem und virtuellem Lernen. Im Projektverlauf nahmen auch ältere Menschen mit Mehrfachbehinderungen und Mobilitätsbeeinträchtigungen teil. Die neuen Techniken ermöglichten ihnen eine virtuelle Partizipation, die sogar über Netmeeting und Videoconferencing Möglichkeiten der Beteiligung an den realen Treffen der mobilitätsfähigen Mitglieder zum Tragen kam.

Durch die Gründung (Ende 2002) des bundesweiten Vereins „Virtuelles und reales Lern- und Kompetenz-Netzwerk älterer Erwachsener" (ViLE) e. V. wurden die Voraussetzungen für die Nachhaltigkeit der im Modellprojekt geschaffenen neuen Lernkultur gelegt. Es ist festzustellen, dass sich auch heute ältere geistig wache Menschen mit Mobilitäts- und Seheinschränkungen aktiv an dem Lernnetzwerk ViLE beteiligen und dass übers Netz nachhaltige Interessengemeinschaften und Freundschaften entstehen können, die unabhängig sind von Alter, Wohnort und Behinderung.

Die Übertragbarkeit der Ergebnisse des Modellprojekts in Hinblick auf die Inklusion von älteren Menschen mit verschiedenen Behinderungen wäre in Anschlussprojekten zu überprüfen. Es ist zu erwarten, dass wichtige Ergebnisse insbesondere zu Moderationsmethoden und Erfolgsfaktoren für Online-Gruppen im Kern gültig bleiben, auch wenn sie abhängig von der Art der Behinderung modifiziert werden müssten bzw. besondere begleitende Unterstützung beim Arbeiten mit dem PC erfordern.

Assistierende internetbasierte Technologien bei Behinderungen

Nutzer/innenorientierte PC- und Internetanwendungen können Einschränkungen durch Behinderungen mindern. Beispiele sind vergrößerte Tastaturen, Symbol- und Bildsprache bis hin zu vereinfachten Schaltflächen (Touchscreens), Möglichkeiten der Schriftvergrößerung bis hin zu Anwendungen von Sprachausgabe für Sehbehinderte und Blinde, die auch von alten Menschen mit begrenzten Kenntnissen im Umgang mit modernen Computern erfolgreich eingesetzt werden (Beispiel: E-Mail blind beherrschen, www.lerncafe.de/lerncafe2) und vieles mehr. Neue interaktive Anwendungen im web 2.0 (Skype, Videoconferencing) können den Kommunikationsradius älterer Menschen mit Behinderungen enorm vergrößern.

Voraussetzungen zur Interneterschließung behinderter älterer Menschen

Um vielen älteren behinderten Menschen das Internet und seine verschiedenen personenbezogen sinnvollen Nutzungsformen zu erschließen, bedarf es verschiedener Voraussetzungen. Abhängig von der Art der Behinderung benötigen ältere Menschen mit Behinderungen spezifische Unterstützung bei der Erschließung der Internetnutzung und Arbeit mit PC und Internet. Benötigt werden gute Schulungsmaterialien und eine Unterstützung durch Fachkräfte (zum Beispiel Heilpädagoginnen/Heilpädagogen) und qualifizierte Ehrenamtliche. Der Internetzugang muss wohnortnah und kostengünstig sein. Für Menschen mit Mobilitätsbeeinträchtigungen sollte, zumindest für die Lernphase, eine häusliche Unterstützung angeboten werden.

Das ZAWiW hat in den vergangenen Jahren viele Schulungs- und Selbstlernmaterialien für ältere Menschen, die den Umgang mit PC und Internet erlernen wollen, entwickelt und erprobt, die für Bedarfe von Menschen mit besonderen Behinderungen weiterentwickelt werden könnten. Dem Bedarf nach Schulung und persönlicher Unterstützung beim Umgang mit PC und Internet steht inzwischen eine größere Zahl älterer Menschen gegenüber, die sich mit diesen Techniken bereits gut auskennen. Darunter sind, wie Modellprojekte zeigen, viele mit der Bereitschaft, ihr Wissen in freiwilligem Engagement an andere weiterzugeben, wenn sich ein geeigneter Rahmen dafür findet (Senior-Internethelfer, MouseMobil). Der Kreis potenziell ehrenamtlich Engagierter, die bereit sind, behinderten älteren (und jüngeren) Menschen das Internet zu erschließen, kann erweitert werden durch PC- und internetkundige jüngere Menschen, die sich freiwillig engagieren wollen. Bei der Qualifizierung von Freiwilligen ist besonders auch auf die Förderung kommunikativer Fähigkeiten zu achten.

Literatur

Stadelhofer, C.; Marquard, M. (2004): „SeniorInnen und Online-Medien“. „Medien und Erziehung“, Zeitschrift für Medienpädagogik, 48. Jg, Nr. 4, 9-17

Links

www.zawiw.de

www.gemeinsamlernen.de

www.leichtes-web.de

www.senior-internethelfer.de

www.mousemobil.de

www.webkongress.uni-erlangen.de/vortraege/markus-erle.pdf

Mollenkopf, H. (2005): Die Mobilität der älteren Menschen. Impulsreferat zu einer Tagung in Luxemburg am 27.10.2005. Online unter www.luxsenior.lu/images/document/pdf/Mobilitat_Luxemburg.pdf

Kontakt

Stadelhofer, Carmen, Akad. Dir'in, Geschäftsführerin des ZAWiW der Universität Ulm, Postfach 89069 Ulm, Tel.: 0731-5023193,

E-Mail: info@zawiw.de, www.zawiw.de

Christian Carls, Diakonie Rheinland-Westfalen-Lippe, Geschäftsstelle Düsseldorf, Referent für die Bereiche „Grundlagen“ und „Medien“ im Forum Seniorenarbeit NRW (www.forum-seniorenarbeit.de). Tel.: 0211-6398-284,

E-Mail: c.carls@diakonie-rwl.de

Gehörlose Menschen im Alter: kommunikative und soziale Bedingungen und Bedürfnisse einer kulturellen Minderheit

Frank Menzel, Anne Gelhardt und Susanne Klinner

1. Bedingungen und Bedürfnisse kultureller und sozialer Minderheiten im Alter

Der demografische Wandel hat in den 90er Jahren zu einer sozialpolitischen Auseinandersetzung mit den gesellschaftlichen Folgen einer immer älter werdenden Gesellschaft geführt. Zunächst standen Fragen der gesundheitlichen Versorgung, der finanziellen Auswirkungen sowie möglicher staatlicher Absicherungssysteme im Vordergrund (vgl. z. B. Erster Altenbericht 1993). In den letzten Jahren wird das Thema Alter zunehmend auch aus der Perspektive der Betroffenen und ihrer individuellen Bedürfnisse betrachtet. Dabei besteht allgemeiner Konsens, dass die Sicherung von Lebensqualität und Lebenszufriedenheit sowie der Erhalt der persönlichen Autonomie und Selbstbestimmtheit vorrangiges Ziel der Altenhilfe sein muss. Die Umsetzung entsprechender Forderungen erfolgt durch unterschiedliche Maßnahmen, die alten Menschen auch dann die Teilhabe am gesellschaftlichen Leben ermöglichen sollen, wenn sie aufgrund physischer, psychischer oder mentaler Einschränkungen ihren gewohnten Aktivitäten nicht mehr oder nur eingeschränkt nachgehen können. So besteht für Seniorinnen und Senioren in unterschiedlichen Lebenslagen heute ein breites Angebot an spezifischen Freizeit- und Bildungsmaßnahmen, es werden alternative Wohnformen zum Altenheim entwickelt und erprobt oder Leistungen zum Erhalt des privaten Haushalts erbracht.

In den letzten Jahren hat sich herausgestellt, dass viele dieser Maßnahmen zur Sicherung vertrauter Lebensstile und gesellschaftlicher Partizipation in der späten Lebensphase bestimmte kulturelle Minderheiten nicht erreichen, da ihre spezifischen Bedürfnisse nicht angemessen berücksichtigt wurden. Besondere Aufmerksamkeit erhält hier die große

Gruppe der Migrantinnen und Migranten, deren kulturelle Sozialisation sich zum Teil erheblich von anderen alten Menschen unterscheidet. Insbesondere türkische Zuwanderer der ersten Generation partizipieren weniger an den Angeboten staatlicher oder privater Versorgungsleistungen der Altenhilfe als die Vergleichsgruppe Einheimischer. So berücksichtigen bestehende Angebote häufig die handlungsleitenden Normen und Werte der älteren Migrantinnen und Migranten ebenso wenig wie ihren biografischen Hintergrund und ihre individuellen Bedürfnisse (Schopf/Naegele 2005).

Sowohl von Seiten der Altenpolitik als auch der praktischen Altenarbeit und Altenpflege wird deshalb ein zunehmender Bedarf an geeigneten Angeboten und Maßnahmen für kulturelle Minderheiten gesehen. Es wird u. a. eine Intensivierung von Initiativen der „Kultursensiblen Altenhilfe" gefordert (Fünfter Altenbericht 2005, 447). Der Arbeitskreis Charta für eine kultursensible Altenpflege (2002) und das Memorandum für eine kultursensible Altenhilfe (2002) empfehlen u. a. zusätzliche migrationsspezifische Angebote, eine stärkere Partizipation der Betroffenen, interkulturell ausgerichtete ambulante Pflegedienste, kultursensible Aus- und Weiterbildung des Personals, Abbau kommunikativer Barrieren in Pflege und Beratung usw.

2. Gehörlose Menschen als sprachliche und kulturelle Minderheit

Zu den kulturellen Minderheiten in Deutschland gehören nicht nur Menschen mit Migrationshintergrund, sondern auch die etwa 80.000 gehörlosen Menschen, die von Geburt an oder seit frühester Kindheit gehörlos sind (d. h., vor Abschluss des Spracherwerbs ertaubt sind). Betrachtet man die Gruppe gehörloser Menschen als eine kulturelle Minderheit, so zeigen sich wesentliche strukturelle Parallelen zur Gruppe der Menschen mit Migrationshintergrund. Auch gehörlose Menschen fühlen sich ihrer Gemeinschaft aufgrund einer gemeinsamen Sprache und gemeinsamer biografischer Erfahrungen zugehörig. Sie verfügen über ein stabiles soziales Netzwerk, das u. a. durch eine dichte Vereinsstruktur und umfangreiche soziale Aktivitäten gekennzeichnet ist.

Gehörlose Menschen sind nicht in der Lage, gesprochene Sprache auditiv wahrzunehmen, auch nicht mit Hilfe eines Hörgerätes oder anderer technischer Hilfsmittel. Sie können aufgrund der fehlenden auditiven Selbstwahrnehmung ihre Artikulation nicht kontrollieren, daher klingt ihre Aussprache nicht selten verzerrt, monoton, unangemessen in der Lautstärke oder auch teilweise unverständlich. Gehörlose sind meistens auf das Ablesen vom Mund des Gesprächspartners angewiesen, um den hörenden Menschen verstehen zu können. Dies jedoch ist sehr anstrengend und kann zu Missverständnissen führen, denn nur etwa 30 % des Gesprochenen kann man unter optimalen Bedingungen auf dem Mund wahrnehmen – 70 % müssen erraten werden.

Das Leben gehörloser Menschen in der hörenden Gesellschaft ist häufig von klein auf geprägt durch Einschränkungen in der Kommunikation und im Zugang zu Informationen. Etwa 90 % aller gehörlosen Kinder haben hörende Eltern. Die innerfamiliäre Kommunikation zwischen hörenden Eltern und gehörlosen Kindern erweist sich in vielen Fällen als schwierig, da viele Eltern nicht in der Lage sind, mit ihren Kindern gebärdensprachlich zu kommunizieren. Sie kommunizieren auf Anraten der Fachleute der Medizin und Pädagogik mit ihren Kindern zum Zwecke der sozialen und beruflichen Integration in die hörende Welt möglichst nur in Lautsprache. Diese Kinder haben weder zur gesprochenen Sprache noch zur Gebärdensprache einen natürlichen Zugang. Im Gegensatz zu ihnen lernen gehörlose Kinder von gehörlosen Eltern im Elternhaus die Deutsche Gebärdensprache, sodass ein natürlicher Gebärdenspracherwerb möglich ist. Gehörlose Kinder hörender Eltern hingegen lernen in der Regel die Gebärdensprache nicht im Unterricht, sondern auf dem Schulhof von Kindern, deren Eltern gehörlos sind und die daher bereits Gebärdensprache beherrschen, oder von Kindern, die viel älter als sie selbst sind. Im Unterricht müssen die gehörlosen Kinder versuchen, mit Lehrerinnen und Lehrern zu interagieren und zu kommunizieren, die mehr oder weniger gut gebärden können. Somit bleiben große Teile der Informations- und Wissensvermittlungen schon in der Kindheit gehörloser Menschen oft auf der Strecke. Die schriftsprachliche Kompetenz ist bei vielen gehörlosen Menschen beeinträchtigt, da der Spracherwerb nicht auf natürlichem Wege, also auditiv, erfolgen kann. Daher ist der Zugang zu Informationen nur sehr eingeschränkt möglich.

Gehörlose Menschen verbringen ihre Freizeit meistens mit anderen Gehörlosen in Vereinen und auf Veranstaltungen für Gehörlose, wo sie sich austauschen, Informationen bekommen und über verschiedene Themen diskutieren können. Hier fühlen sie sich nicht behindert, da fast ausschließlich in Gebärdensprache kommuniziert wird. Viele Gehörlose nehmen weite Fahrten quer durch ganz Deutschland gerne in Kauf, um Veranstaltungen in der Gebärdensprachgemeinschaft zu besuchen, wie z. B. Gebärdensprachfestivals, Gebärdensprachtheater oder Sportveranstaltungen. Gehörlose Erwachsene wählen auch meist einen ebenfalls gehörlosen oder hochgradig schwerhörigen Lebenspartner. Grund hierfür ist, dass sie ähnliche Erfahrungen, Einstellungen und Interessen haben und vor allem gebärdensprachlich miteinander kommunizieren können. Die Gebärdensprache bietet ihnen also eine entspannte Kommunikation frei von Missverständnissen.

Während die medizinische Sicht von Gehörlosigkeit sich auf die Schwere der Ausprägung des Hörverlusts, d. h. einen Hörverlust höher als 95 dB, bezieht, wird Gehörlosigkeit aus Sicht der Gehörlosengemeinschaft, also der Betroffenen selbst, nicht über fehlendes Hörvermögen definiert, sondern sprachlich und kulturell. Gehörlose bilden die einzige Behindertengruppe, die eine eigene Sprache hat. Sie begreifen sich daher auch als sprachliche Minderheit mit eigener Kultur. Sie sind stolz auf ihre Sprache, treten dadurch selbstbewusster auf und setzen sich politisch für ihre Rechte und die Anerkennung der Gebärdensprache ein. Am 01.07.2001 wurde im Sozialgesetzbuch IX erstmals verankert, dass Hörgeschädigte ein Recht auf Verwendung der Gebärdensprache haben. Etwa ein Jahr später, am 01.05.2002, wurde im Bundesgleichstellungsgesetz festgeschrieben, dass die Deutsche Gebärdensprache als eigenständige Sprache anerkannt ist. So sind für gehörlose Menschen wichtige Voraussetzungen geschaffen worden, selbstbestimmt zu leben und durch Inanspruchnahme eines Gebärdensprachdolmetschers z. B. mit Ärztinnen und Ärzten oder bei Behörden direkt und barrierefrei zu kommunizieren. Auch technische Fortschritte wie Lichtwecker, Lichtsignalanlage, Bildtelefon,

Internet etc. haben dazu beigetragen, dass Gehörlose heute selbstständiger und unabhängiger leben können.

3. Projekt „Zur Situation gehörloser Menschen im Alter" (SIGMA)

Für die Bundesrepublik Deutschland liegen bislang kaum wissenschaftliche Untersuchen über gehörlose Menschen im Alter vor, sodass die Bedingungen und Bedürfnisse dieser spezifischen Kulturgruppe weitgehend unbekannt sind. Koch-Bode (1999) hat Mitarbeiterinnen und Mitarbeiter von Beratungsstellen für Hörgeschädigte in Niedersachsen schriftlich zu ihren beruflichen Kontakten zu gehörlosen Menschen ab 60 Jahren befragt und durch einige Interviews mit Betroffenen ergänzt. Dabei gelangt er zu dem Ergebnis, dass die altersbedingte „Abkopplung von der Gehörlosengemeinschaft (z. B. durch Umzug, Heimeintritt, Pflegebedürftigkeit, Immobilität)" ein wesentliches Problem gehörloser Menschen bedeute (Koch-Bode, 117). In einer Studie hat die Forschungsgesellschaft für Gerontologie e. V. (2006) durch die Analyse von „Good Practice Beispielen" Qualitätskriterien für Hörbehinderteneinrichtungen in der Altenhilfe herausgearbeitet. Die Studie kommt zu dem Schluss, dass „umfangreiche und differenzierte Bestands- und Bedarfsanalysen" zur Versorgungssituation erforderlich seien. „Es gilt ein fundiertes Wissen über Anzahl, Lebensumstände und Bedürfnisse hörbehinderter Senioren/innen zu erlangen, um entsprechende Maßnahmen besser planen und umsetzen zu können" (Forschungsgesellschaft für Gerontologie e. V. 2006, 46).

Bereits Anfang der 80er Jahre hat Becker (1983) die Situation älterer gehörloser Menschen in den USA mittels einer qualitativen Studie erforscht. Insgesamt hat sie 200 Probanden ab 60 Jahren in teilstandardisierten Interviews zu ihrer Biografie und zu ihrer Lebensgestaltung als gehörloser Mensch befragt. Dabei stellt Becker fest, dass für gehörlose Menschen im Alter die Bindung an die eigene Gemeinschaft für die individuelle Lebenszufriedenheit zentral ist und sie deshalb sehr viel Energie aufbringen, um möglichst lange dieser Gemeinschaft anzugehören.

In dem Projekt SIGMA (2006 bis 2008) wurden an der Universität zu Köln unter der Leitung von Prof. Dr. Thomas Kaul erstmals die Lebensbedingungen und Lebensvorstellungen von älteren gehörlosen Menschen genauer untersucht. Zielgruppe waren gehörlose Menschen ab 55 Jahren in unterschiedlichen Lebens- und Wohnsituationen. Neben uneingeschränkt aktiven und mobilen Personen wurden auch gehörlose Menschen mit körperlichen oder gesundheitlichen Beeinträchtigungen erfasst, von denen einige in besonderen stationären Einrichtungen für alte Menschen leben.

Gegenstand der Untersuchung waren insbesondere die unterschiedlichen Versorgungsangebote und Maßnahmen, die für gehörlose Menschen im Alter von Bedeutung sind, wie z. B. Beratungs- und Betreuungsangebote, Angebote der medizinischen und ambulanten Versorgung sowie spezifische Freizeit- und Bildungsangebote. Es sollte untersucht werden, in welchem Umfang und in welcher Qualität entsprechende Angebote und Maßnahmen gehörlosen Menschen zur Verfügung stehen, wie diese von der Zielgruppe genutzt werden bzw. welche sozialen oder kommunikativen Barrieren einen Zugang erschweren oder verhindern. Neben diesen Fragen zur Angebotssituation sollten auch die individuellen Kompetenzen und Chancen zur Bewältigung von Problemen und Herausforderungen des Alters untersucht werden. Dabei sollte u. a. erhoben werden, wie gut gehörlose Menschen über Einrichtungen und Angebote der Altenhilfe, über rechtliche Fragen oder über Maßnahmen zur Unterstützung in kritischen Lebenslagen informiert sind, welche Möglichkeiten und Wege sie zur Entscheidungsfindung wählen und wie stabil ihr soziales Netzwerk ist. Hierbei stellte sich vor allem die Frage nach der Selbstständigkeit und Autonomie gehörloser Menschen in für sie bedeutsamen Lebenssituationen, z. B. bei zunehmender körperlicher Immobilität oder Pflegebedürftigkeit, und welche Rolle dabei die familiären und professionellen Helferinnen und Helfer spielen.

Neben dieser Bestandsaufnahme war es auch Ziel des Projektes, Wünsche und Bedürfnisse hinsichtlich einer zielgruppengerechten Altersversorgung zu ermitteln. Dabei sollte sowohl der Bedarf an geeigneten Angeboten als auch an Maßnahmen zum Abbau von Zugangsbarrieren zum

Versorgungsangebot, das hörenden Menschen zur Verfügung steht, untersucht werden. Was muss von wem unternommen werden, damit ältere gehörlose Menschen in unterschiedlichen Lebenslagen gleichberechtigt am gesellschaftlichen Leben teilnehmen können?

3.1 Untersuchungsmethoden

Um die Fragen des Projektes angemessen beantworten zu können, wurden unterschiedliche Erhebungsverfahren bei drei verschiedenen Zielgruppen eingesetzt:

Zielgruppe	Methode
1 **Gehörlose Menschen** ab 55 Jahren	Qualitative Interviews
2 **Experten** mit Kontakt zu älteren gehörlosen Menschen	– Standardisierte Befragung (Onlinebefragung) – Einzel- und Gruppeninterviews
3 **Institutionen**, die ältere gehörlose Menschen beraten, versorgen und betreuen	– Spezifische Wohnangebote für gehörlose Menschen im Alter (Gesamterhebung) – Altenheime und Altenwohnheime (Stichprobenerhebung)

Im Mittelpunkt der Untersuchung stand die Perspektive der alten gehörlosen Menschen selbst, die in offenen qualitativen Interviews in Gebärdensprache befragt wurden. Die zweite größere Zielgruppe der Untersuchung waren Expertinnen und Experten, also Personen, die über intensive Erfahrungen und Kontakte zu älteren gehörlosen Menschen verfügen. Um eine möglichst große Anzahl von Expertinnen und Experten zu erreichen, wurde über die Homepage des Projektes ein standardisierter Fragebogen veröffentlicht, der online beantwortet werden konnte. Die dritte Zielgruppe der Untersuchung waren stationäre Einrichtungen (Altenheime oder Pflegeheime), die zu ihren Angeboten für gehörlose Menschen befragt wurden.

3.2 Untersuchungsergebnisse

Insgesamt wurden 247 gehörlose Menschen ab 55 Jahren befragt, davon 19 in qualitativen Einzelinterviews. Zusätzlich wurden 86 Expertinnen und Experten in mehreren Einzel- und Gruppengesprächen erfasst. An der standardisierten Onlinebefragung haben 113 Experten teilgenommen. Darüber hinaus wurden 17 Einrichtungen, die spezielle Wohnangebote für alte gehörlose Menschen zur Verfügung stellen, schriftlich befragt. Ergänzt wurde die Untersuchung durch telefonische Interviews von 50 Altenheimen.

Die Untersuchungen wurden im September 2008 abgeschlossen. Die Ergebnisse werden in einem Abschlussbericht 2009 veröffentlicht. Eine erste Auswertung weist darauf hin, dass gehörlose Menschen im Alter sich von ihren Grundbedürfnissen nicht wesentlich von alten hörenden Menschen unterscheiden, aber aufgrund ihrer besonderen Kommunikationssituation nur einen eingeschränkten Zugang zu Angeboten und Maßnahmen der Altenhilfe haben.

Personale Ressourcen und Lebensqualität

Die Lebenszufriedenheit alter gehörloser Menschen ist offensichtlich wesentlich abhängig vom Zugang zur eigenen Kulturgruppe. Solange die Kontakte zu anderen gehörlosen Menschen aufrechterhalten werden können, ist die psychische Befindlichkeit stabil. Gehörlose Menschen sind auch im Alter sozial aktiv und bemüht, unabhängig und mobil zu bleiben. Allerdings ist bei Einschränkungen der physischen, psychischen und mentalen Gesundheit der Verlust an Autonomie und Teilhabe am gesellschaftlichen Leben besonders hoch. Gehörlose Menschen haben dann oft nicht die Möglichkeiten, die soziale Einbindung aufrechtzuerhalten. Sie erfahren insbesondere die starke Abhängigkeit von hörenden Helfern zwar als notwendig, aber gleichzeitig auch als entmündigend. Dieses Stadium der wahrgenommenen Fremdbestimmung und Loslösung von der Bezugsgruppe ist häufig mit Resignation und Rückzug verbunden.

Qualität und Quantität von Angeboten und Maßnahmen der Altenhilfe

Viele Angebote für alte Menschen sind für gehörlose Menschen aufgrund kommunikativer Barrieren nicht oder nur begrenzt zugänglich. Erschwerend kommt hinzu, dass insbesondere innerhalb der Gesundheitsversorgung kein ausreichendes Bewusstsein über die Bedingungen und Anforderungen gehörloser Menschen bestehen. Diese Unkenntnis führt nicht selten zu einer qualitativ unzureichenden Versorgung. In Deutschland sind deshalb in den letzten Jahren einige Angebote – insbesondere im Wohnbereich – entwickelt worden, die die sozialen und kommunikativen Bedürfnisse gehörloser Menschen angemessen berücksichtigen. Allerdings fehlt es immer noch an geeigneten Maßnahmen zum Erhalt der eigenen Wohnung. So stehen kaum ambulante Dienste zur Verfügung, die über entsprechende Kompetenzen verfügen.

3.3 Zusammenfassung und Ausblick: Alte gehörlose Menschen im Jahr 2030

Ergebnisse der Untersuchungen im Projekt SIGMA geben zunächst nur über die jetzigen Generationen älterer gehörloser Menschen Auskunft. So ist ihre Situation in vielerlei Hinsicht unbefriedigend: Es stehen ihnen nur wenige Angebote der Altenhilfe zur Verfügung, die ihren sozialen und kommunikativen Bedürfnisse gerecht werden. Vor allem dann, wenn aufgrund gesundheitlicher Einschränkungen ihre Mobilität eingeschränkt ist, verlieren sie häufig den wichtigen Kontakt zur eigenen Kulturgemeinschaft und finden sich im kulturfremden Versorgungssystem hörender Menschen wieder. Diese Fehl- oder Unterversorgung ist nicht nur Resultat mangelnder Ressourcen auf Seiten der Leistungsanbieter. Sie ist auch das Ergebnis von unzureichender Kenntnis von Leistungsträgern der Altenhilfe in Bezug auf die Lebensbedingungen und Lebensbedürfnisse dieser kulturellen Minderheit. Auf der anderen Seite sind gehörlose Seniorinnen und Senioren offensichtlich nicht in der Lage, ihre Bedürfnisse angemessen zu artikulieren oder gar durchzusetzen. Viele der heute alten gehörlosen Menschen haben eine Sozialisation durchlaufen, die durch Fremdbestimmung und Ablehnung insbesondere ihrer Sprache gekennzeichnet ist. Viele haben sich offensichtlich damit abgefunden, dass andere für sie lebensbedeutsame Entscheidungen treffen.

Die Generation von alten gehörlosen Menschen im Jahr 2030 wird vermutlich andere Anforderungen an die eigene Gestaltung stellen. Die kulturellen und sozialen Bedingungen und Bedürfnisse der Gehörlosen haben sich in den letzten Jahrzehnten sehr verändert. Dies betrifft Veränderungen in der schulischen Sozialisation, die früher meist von der Unterbringung in Internaten begleitet war und damit den Zusammenhalt und die Weitergabe von Traditionen förderte ebenso wie die Bedeutung des Gehörlosenvereins. Während für ältere gehörlose Menschen der Verein der zentrale Ort der Begegnung mit anderen Gehörlosen ist, suchen gehörlose Jugendliche andere Orte und Formen des Austauschs. Auch die Einstellung zur Gebärdensprache hat sich verändert: Während gehörlose Menschen, die heute im Seniorenalter sind, das Verbot bzw. die Diskriminierung der Gebärdensprache erlebt haben, die im Nationalsozialismus in der Zwangssterilisation vieler gehörloser Menschen gipfelte, sind jüngere gehörlose Menschen in ihrer Einstellung zur Gebärdensprache geprägt durch Ergebnisse sprachwissenschaftlicher Forschung, die belegen, dass die Deutsche Gebärdensprache wie andere nationale Gebärdensprachen auch eine strukturierte und linguistisch als vollwertig erwiesene Sprache ist.

Verbesserte Bildungschancen, gesetzlich verankerte Rechte der gesellschaftlichen Teilnahme, die formale und soziale Anerkennung der Gebärdensprache, die Stärkung der Selbsthilfeorganisation und die Nutzung moderner Kommunikationsmedien tragen dazu bei, dass gehörlose Menschen heute bereits selbstbewusst eigene Bedürfnisse artikulieren und selbstbestimmt vertreten. Gehörlose Menschen, die im Jahr 2030 über 60 Jahre alt sind, werden vermutlich aktiv darauf hinwirken, dass sie auch bei eingeschränkter Mobilität weiterhin innerhalb ihrer Kulturgruppe leben können. Die Durchsetzung ihrer Anliegen kann letztlich aber nur dann erfolgreich sein, wenn es gelingt, politische Entscheidungsträger sowie die Leistungsträger der Rehabilitation und Altenhilfe von der Notwendigkeit kulturspezifischer Angebote und Maßnahmen zu überzeugen.

Literatur

Arbeitskreis Charta für eine kultursensible Altenpflege (2002)

Becker, G. (1983): Growing Old in Silence. Berkeley und Los Angeles: University of California Press

Erster Altenbericht (1993): Die Lebenssituation älterer Menschen in Deutschland. Deutscher Bundestag, 12. Wahlperiode/Drucksache 12/5897

Forschungsgesellschaft für Gerontologie e. V. (2006): Die Versorgungssituation hörbehinderter alter Menschen in Einrichtungen der Altenhilfe. Dortmund: ohne Verlag

Fünfter Altenbericht (2005): Fünfter Bericht zur Lage der älteren Generation in Deutschland. Berlin: Bundesministerium für Familie, Senioren, Frauen und Jugendliche

Koch-Bode, W. (1999): Prälingual Gehörlose im Alter. Dortmund: Peter Lang

Memorandum für eine kultursensible Altenhilfe (2002)

Schopf, C.; Naegele, G. (2005): Alter und Migration – ein Überblick. In: Zeitschrift für Gerontologie und Geriatrie, Band 38, Heft 6, 384-395

Informationen zu den Vortragenden, Referentinnen und Referenten

Dr. Lale **Akgün**: *1953, Dipl.-Psychologin, MdB, Mitglied des Vorstands der SPD-Bundestagsfraktion

Prof. Dr. Eckart **Bomsdorf**: *1944, Studium der Mathematik, Physik und Wirtschaftswissenschaften. Neben der Lehr- und Forschungstätigkeit an der Wirtschafts- und Sozialwissenschaftlichen Fakultät der Universität zu Köln Lehrstuhl für Wirtschafts- und Sozialstatistik, beratende Tätigkeit in Wirtschaft, Verwaltung und Politik; u. a. Mitglied der Enquete-Kommission „Demographischer Wandel“ des 14. Deutschen Bundestages und des Expertenkreises Bevölkerungsvorausberechnungen des Statistischen Bundesamtes

Christian **Carls**: *1964, Forschungsarbeiten und Projekte zur Seniorenarbeit und Medienarbeit (ZAWiW) an den Universitäten Bremen und Ulm, Durchführung von Medienprojekten für Haupt- und Ehrenamtliche in der Gemeinwesenarbeit in NRW, Online-Redakteur der Diakonie Rheinland-Westfalen-Lippe

Kirstin **Fossgreen**: *1964, Studium Universität Hannover: Politische Wissenschaft, Soziologie, Sozialpsychologie, Referentin für Gesundheitsförderung an der Niedersächsischen Akademie für Gesundheitsförderung e. V., Referentin in der gesetzlichen Krankenversicherung, Heilpraktikerin

Anne **Gelhardt**: *1966, Diplom-Sozialarbeiterin, seit 1992 Beratung, Training und Forschung zur Situation von Menschen mit Hörschädigung, seit 2006 wissenschaftliche Mitarbeiterin am Lehrstuhl Prof. Dr. Thomas Kaul, Projekt SIGMA „Zur Situation gehörloser Menschen im Alter“

Dr. Sigrid **Graumann**: *1962, Studium der Biologie und Philosophie, Wiss. Mitarbeiterin am Institut Mensch, Ethik und Wissenschaft in Berlin, ab 2009 Institut für Sozialwissenschaften der Universität Oldenburg

Erik **Händeler**: *1969, nach Ausbildung als Tageszeitungsjournalist und wirtschaftswissenschaftlichem Studium Tätigkeit als freier Journalist, Buchautor mit Schwerpunkt Kondratieff-Strukturzyklen; Zukunftsreferent beim Zukunftsinstitut von Matthias Horx in Kelkheim (Taunus)

Beate **Hiller**: *1954, Heilerziehungspflegerin und Wohnbereichsleitung im Wohnhaus Lebenshilfe in Biberach

Susanne **Klinner**: *1972, Diplom-Pädagogin, seit 2000 Beratung, Begleitung und Konzeption zur Situation von gehörlosen Menschen, seit 2008 wissenschaftliche Mitarbeiterin am Lehrstuhl Prof. Dr. Thomas Kaul, Projekt SIGMA „Zur Situation gehörloser Menschen im Alter“

Ursula **Kremer-Preiß**: *1957, Sozialwissenschaftlerin, seit 1998 Referentin im Kuratorium Deutsche Altershilfe im Fachbereich „Architektur und Wohnen“, Arbeitsschwerpunkte: Wohnberatung- und Wohnungsanpassung, Alternative Wohnformen im Alter, kommunale Altenhilfeplanung

Daniel **Lüdecke**: *1976, Diplom-Gerontologe, Wiss. Mitarbeiter am Institut für Medizin-Soziologie/Arbeitsgruppe Sozialgerontologie am Universitätsklinikum Hamburg-Eppendorf (UKE) im EU-Projekt EUROFAMCARE

Frank **Menzel**: *1958, Sozialwissenschaftler, seit 1988 Forschung und Lehre zur Situation von Menschen mit Hörschädigung, seit 2001 wissenschaftlicher Mitarbeiter am Lehrstuhl Prof. Dr. Thomas Kaul, Arbeitsbereich Hörgeschädigtenpädagogik

Eva **Mnich**: *1957, Studium an der Christian-Albrechts-Universität zu Kiel, Soziologie, Psychologie und Volkskunde, Wiss. Mitarbeiterin im Projekt Aktive Gesundheitsförderung bei alten Menschen im Kinzigtal, Main, Researcherin im EU-Projekt EUROFAMCARE

Silke **Rehfeld**: *1965, Rollstuhlfahrerin, lebt seit 15 Jahren mit Persönlicher Assistenz, Pädagogin (MA), Weiterbildung in Sozialmanagement, freiberufliche Tätigkeit, langjährige Mitarbeit im Zentrum für selbstbestimmtes Leben (ZsL) Köln, seit 2006 Projekt „50 PlusMinus – Älter werden mit einer körperlichen Behinderung“

Christine **Schmid**: *1961, Altenpflegerin, Bereichsleitung Tagesstruktur Senioren

Christiane **Schneider**: *1961, von Geburt an sehbehindert, Dipl.-Päd., Zusatzausbildung in Personenzentrierter Gesprächsführung, aktiv in der Krüppel- und Selbstbestimmt-Leben-Bewegung, langjährige Tätigkeit im Zentrum für selbstbestimmtes Leben (ZsL) Köln, seit 2006 Projekt „50 PlusMinus – Älter werden mit einer körperlichen Behinderung“

Hanne **Schweitzer**: beschäftigt sich als freie Journalistin seit Mitte der 90er Jahre mit dem Thema Alter(n). 1995 publizierte sie „Seniorenführer Köln“ und „Düsseldorf ab 50“ im Bachem Verlag, eine der Gründungsmitglieder des Büros gegen Altersdiskriminierung e. V.

Carmen **Stadelhofer**: *1947, Studium der Fächer Germanistik, Romanistik und Pädagogik für das Lehramt in Mannheim und Freiburg; Ausbildung von Lehramtsstudierenden am Seminar für Pädagogik; wissenschaftliche Leiterin des Modellprojektes Frauenakademie an der Ulmer Volkshochschule; seit 1994 Geschäftsführerin des Zentrums für Allgemeine Wissenschaftliche Weiterbildung (ZAWiW) der Universität Ulm

Barbara **Wegner**: *1939, Studium der Pädagogik, im Schuldienst bis 2004, Ausbildung zur seniorTrainerin (Bundesmodellprogramm Erfahrungswissen für Initiativen – EFI), bürgerschaftliches Engagement auf kommunaler, Landes- und Bundesebene